中国語で読む
我的ニッポン
再発見！

段文凝
江正殷 著

乐读中文
段段眼中的
日本

研究社

本書の各課本文は、「毎日小学生新聞」に連載されていたコラム「どこがちがうの？ 中国と日本」（2013 年 4 月～2014 年 3 月）を中国語に訳し、加筆・修正したものです。転載をご快諾くださった毎日新聞社に心から御礼を申し上げます。

はじめに

　本書は、NHK「テレビで中国語」にネイティブゲストとして出演していた段文凝が、2013年4月から『毎日小学生新聞』に1年間連載していたコラム「どこがちがうの？ 中国と日本」(全53回のうち40回分)を元にまとめたものです。連載の内容を日中対訳形式に編集し、解説、文化コラム、練習問題などを加えて、中国語学習の補助教材、かつ中国の日常生活の一端を知るテキストとして再構成しました。

　「どこがちがうの？ 中国と日本」は、早稲田大学大学院政治学研究科在学中に執筆したものです。中国から来た留学生として、日常生活の中で感じた様々な驚きや日々の発見を、自分なりの感性で捉え、ユーモアを交えた表現で綴ってみました。読者の皆さんには、日中対訳で描かれた「日本留学の驚き」を、ぜひ本書をめくりながら追体験していただきたいと思います。

　また、本書は中国語の初級・中級学習者を想定して、必要な語彙や文法の解説を備え、練習問題も豊富に収録しています。この本が中国語の語学テキストとしての体裁をなす上で、毛興華先生には大変ご尽力いただきました。そして、企画段階から完成に至るまで本書の草稿を読み、内容と表現に関して重要ご指摘をくださった研究社編集部の鎌倉彩さんに、謝意を表したいと思います。

　新しい言語を学ぶということは、今まで関わりのなかった世界に、自らをいざなう"心のパスポート"を得ることだと言えます。読者の皆さんが、中国の人々の考えに触れ、新たな発見や未知との出会いを通じて、目には見えない国境を越える、そのお手伝いができることを願います。「中国とは何か？」「中国語に何ができるか？」といった問いへの答えも、読み進めるうちに深まっていくことでしょう。気軽に手に取って読み物としても楽しめる語学書として、また、異なる文化間の橋渡しとして、本書をご活用いただければ幸いです。

著　者

中国語で読む 我的ニッポン再発見！ 目次

はじめに …iii
本書の構成と使い方 …viii
音声について …viii

第 1 課　你知道"清明节"吗？
　　　　清明節って知ってますか？ …2

第 2 課　赏樱花的季节
　　　　お花見シーズン …6

第 3 課　高中的制服真好
　　　　高校の制服はいいですね …10

第 4 課　天津没有"天津饭"
　　　　天津には天津飯はありません …14

第 5 課　你生日的星座是？
　　　　誕生日の星座は？ …18

第 6 課　儿童节是哪天？
　　　　こどもの日はいつ？ …22

第 7 課　你最喜欢的中国菜是什么？
　　　　好きな中華料理は何ですか？ …26

第 8 課　行车方向
　　　　車の方向 …30

第 9 課　我爱"拉面"！
　　　　ラーメン大好き！ …34

第 10 課　你喜欢动物园吗？
　　　　動物園は好きですか？ …38

段段夏空

第 11 課 **六月新娘**
ジューンブライド …44

第 12 課 **垃圾分类**
ゴミの分別 …48

第 13 課 **富士山**
富士山 …52

第 14 課 **卡拉OK**
カラオケ …56

第 15 課 **浪漫的七夕**
ロマンチックな七夕 …60

第 16 課 **采集昆虫**
昆虫採集 …66

第 17 課 **西瓜适合跟什么一起吃？**
スイカには何が合う？ …70

第 18 課 **烟花大会**
花火大会 …74

第 19 課 **你相信算命吗？**
占いを信じますか？ …78

第 20 課 **吉利的数字**
縁起がいい数字 …82

第21課 餐桌上的套话
食事の挨拶 …88

第22課 中秋节
中秋の名月 …92

第23課 天津名吃——"狗不理"包子
天津名物・包子！ …96

第24課 打折促销
バーゲン …100

第25課 出租车真便宜
タクシーが安い …104

第26課 买东西要"讲价"
買い物は「かけあい」で …108

第27課 我想吃火锅！
鍋が食べたい～ …112

第28課 红叶好漂亮啊！
紅葉がきれい！ …116

第29課 我感冒了
風邪を引いたよ～ …120

第30課 如果我有兄弟姐妹的话……
もし兄弟がいたら… …124

段段秋色

第 31 課　圣诞节
クリスマス …130

第 32 課　今年是猴年
今年は申年です …134

第 33 課　"大人"是从什么时候开始？
「大人」はいつから？ …138

第 34 課　入学考试
入学試験 …142

第 35 課　"节分"过得开心吗？
節分は楽しんだかな？ …146

第 36 課　中国有两个新年！
中国のお正月は2回！ …150

第 37 課　情人节到啦
バレンタインデーですね …156

第 38 課　女儿节
ひな祭り …162

第 39 課　你有花粉症吗？
花粉症ですか？ …166

第 40 課　毕业了！
卒業したよ！ …170

練習問題解答 …174

本書の構成と使い方

各課は次のような構成になっています。

中国語本文

日本語訳

第10課　你 喜欢 动物园 吗？
Nǐ xǐhuan dòngwùyuán ma?

我 出演了 2014 年 上映 的 电影《魔女 宅急便》。
Wǒ chūyǎnle èr líng yī sì nián shàngyìng de diànyǐng «Móxǔ zháijíbiàn».
原作 是 吉卜力 著名 的 动画片，这次 的 电影 是 真人版。
Yuánzuò shì Jíbǔlì zhùmíng de dònghuàpiàn, zhè cì de diànyǐng shì zhēnrénbǎn.
主人公 琪琪 由 还在 上 高中 的 小芝 风花 饰演。
Zhǔréngōng Qíqí yóu hái zài shàng gāozhōng de Xiǎozhī Fēnghuā shìyǎn.
整 部 电影 都 在 日本 国内 取景，但 因为 是 中日
Zhěng bù diànyǐng dōu zài Rìběn guónèi qǔjǐng, dàn yīnwèi shì Zhōng Rì
合拍，所以 也 找到了 我。我 的 角色 是 一 个 在 动物园
hépāi, suǒyǐ yě zhǎodàole wǒ. Wǒ de juésè shì yí ge zài dòngwùyuán
照顾 小 河马 的 饲养员。拍摄 是 在 真 的 动物园 河马 馆
zhàogù xiǎo hémǎ de sìyǎngyuán. Pāishè shì zài zhēn de dòngwùyuán hémǎ guǎn
进行 的。当 我 穿着 长筒胶靴 走进 河马 馆 时，一 种
jìnxíng de. Dāng wǒ chuānzhe chángtǒngjiāoxuē zǒujìn hémǎ guǎn shí, yì zhǒng
说不出来 的 野生 动物 的 臭味 扑面 而 来……
shuōbuchūlái de yěshēng dòngwù de chòuwèi pūmiàn ér lái......

很 多人 可能 认为 河马 是 一 种 温顺、行动 缓慢 的
Hěn duō rén kěnéng rènwéi hémǎ shì yì zhǒng wēnshùn, xíngdòng huǎnmàn de
动物，但 野生 河马 却 有着 凶猛 的 一面，真 跑起来 时，时速
dòngwù, dàn yěshēng hémǎ què yǒuzhe xiōngměng de yí miàn, zhēn pǎoqǐlái shí, shísù
可 达到 四十 公里 以上，有时 还 会 袭击 人类。当然 这 说
kě dádào sìshí gōnglǐ yǐshàng, yǒushí hái huì xíjī rénlèi. Dāngrán zhè shuō
的 是 成年 河马，小 河马 则 非常 可爱。看来 无论 什么
de shì chéngnián hémǎ, xiǎo hémǎ zé fēicháng kě'ài. Kànlái wúlùn shénme
动物，小时候 都 是 很 可爱 的 啊！
dòngwù, xiǎoshíhou dōu shì hěn kě'ài de a!

動物園は好きですか？

2014年に公開された映画「魔女の宅急便」に出演しました。原作はジブリの有名なアニメ作品ですが、今回は実写版。主人公のキキは当時、現役の高校生だった、小芝風花ちゃんが演じています。
全編、日本国内のロケですが、中国の映画会社との合作でもあるので、お声がかかりました。私の役どころは動物園で赤ちゃんカバを世話する飼育員です。ロケは本物の動物園のカバ舎で行いました。長靴をはいてカバ舎に入ると、何ともいえない野生動物の臭いがプーンと…。
カバはおとなしくてのんびりした動物のように思えるかもしれませんが、野生のカバはどう猛な面もあって、本気になれば時速40km以上のスピードで走り、人間が襲われることもあるそうです。もちろん、これは大人のカバの話で、赤ちゃんカバはすっごくかわいい。どんな動物も小さい時はかわいいですね！

生词

- 吉卜力 Jíbǔlì:〔スタジオ〕ジブリ
- 动画片 dònghuàpiàn: アニメーション
- 版 bǎn: バージョン
- 饰演 shìyǎn:〔～の役を〕演じる
- 整 zhěng:〔"整+量詞"の形で〕〔～の〕全て; まるごと〔の〕
- 取景 qǔjǐng: ロケーション撮影を行う
- 合拍 hépāi:〔映画などを〕共同制作する
- 角色 juésè: 役, 役柄
- 饲养 sìyǎng: 世話をする, 面倒を見る
- 拍摄 pāishè: 撮影〔する〕
- 当 dāng:〔介詞〕～に, ～で〔"当……时"で〔～の時に〕の意〕
- 胶靴 jiāoxuē: ゴム靴〔"胶鞋 jiāoxié"とも〕
- 扑面而来 pūmiàn ér lái:〔風などが〕勢いよく向かってくる
- 温顺 wēnshùn:〔主に動物が〕従順である
- 凶猛 xiōngměng: どう猛である, 凶暴である
- 袭击 xíjī: 襲撃する
- 看来 kànlái: 見たところ～のようだ

この衣装で映画に出演しました！

生词
本文に出てきた語句の意味を確認しましょう。

音声について

第1課～第40課の中国語本文の音声(MP3形式)は、研究社ホームページ(http://www.kenkyusha.co.jp/)より無料でダウンロードすることができます。

［ナレーション］段 文凝

viii

词语用法

各課の本文に出てきた語句の用法を例文付きで解説します。（×印の例文の中には、必ずしも間違いとは言い切れないもの、ネイティブによって評価が分かれるものも含まれます。あくまで目安として参考にしてください。）

練習問題

各課で出てきた語彙や表現を使って日本語を中国語に訳す練習です。

词语用法

(1) "由+行为主体"

前置詞"由"には「～によって」という意味で、ある動作・行為の主体を明確にするための用法がある。本文の"主人公邓琪由还在上高中的小芝风花饰演"を「主人公のキキを演じる」という行為の主体は「まだ高校生だった小芝風花ちゃん」であることを明示している。"由"は書面語のイメージが強いが、口語ではよく副詞の"来"と共起する。（例2）。

例1 中国的京剧和日本歌剧仪一样，女性角色一般由男性饰演。
　　Zhōngguó de jīngjù hé Rìběn gēwǔjì yíyàng, nǚxìng juésè yìbān yóu nánxìng shìyǎn.
　　（中国の京劇は、日本の歌舞伎と同様、女役は普通、男性によって演じられる）

例2 这件事由你来负责。
　　Zhèi jiàn shì yóu nǐ lái fùzé.
　　（この件はあなたの担当です）

(2) 创出を表す"動詞+出（来）"

方向補語"出来"は"做"（作る・やる）、"说"（言う）、"想"（考える）などの動詞に後続し、事物や情報を作り出すことを表す用法がある。本文の"一种说不出来的野生动物的臭味"では、"说不出来"の形で"（野生動物の臭いを描写する）言葉を作り出せない"ことを述べている。なお、目的語は通常"出"と"来"の間に現れる（例2）。

例1 这个问题的答案你想出来了吗？
　　Zhèi ge wèntí de dá'àn nǐ xiǎngchulai le ma?
　　（この問題の解答は考えつきましたか）

例2 我们应该商量出一个解决办法来。
　　Wǒmen yīnggāi shāngliangchu yí ge jiějué bànfǎ lái.
　　（我々は（相談して）解決法を編み出すべきだ）

また、書面語や目的語の音節数が多い場合、しばしば"来"を省略する。

例3 最近工作太忙，挤不出去买东西的时间。
　　Zuìjìn gōngzuò tài máng, jǐbuchū nǎi dōngxi de shíjiān.
　　（最近仕事が忙しくて、買い物する時間を作り出せない）

例4 A：我想出一个主意。Wǒ xiǎngchū yí ge zhǔyi.
　　　（一つ提案があります「＝私はアイディアを一つ考え出した」）
　　B：请讲。Qǐng jiǎng.
　　　（どうぞおっしゃってください）

練習問題

括弧内の語句を使って中国語に訳しましょう。

① このアニメは日韓の共同製作だ。(动画片・由・合拍)

② 見たところ、彼はもう新しいものを書くことができないようだ。(将来、動詞+出（来）)

本場の 中国語ワンフレーズ

牛！ すごい！

俗に「すごい・やり手」という意味で、元は中国北方方言のスラングだが、今はインターネットの普及につれて全国で広く使用されている。一説では、"牛B"と発音の似ている"掛牛"（頭頭である、片意地を張る）が語源なしていい。例：你太牛了！我服了！Nǐ tài niú le! Wǒ fú le!（あなたはすごいね！あなたにはかなわないよ！）

また、"牛人 niúrén"（すごい人・達人）、"牛市 niúshì"（強気相場）、"史上最牛 shǐshàng zuì niú"（史上最強）などの新語や流行語もたくさん存在もする。反対の意味で"熊 xióng"（ふがいない、意気地がない）という俗語もあるが、主に"熊市 xióngshì"（弱気相場）、"熊孩子 xióng háizi"（嫌なガキ）などの固定表現に見られ、単独で使用することは少ない。

本場の中国語ワンフレーズ

課のテーマと関連した内容で、ネイティブならではの言い回しを紹介します。

中国文化コラム

動物が表すイメージは？

みなさんは、牛に関してどういうイメージを持っていますか？ 日本では、乳牛の持つ「穏やか」「のんびり」などといったイメージを連想する方が多いかもしれません。一方、農耕の歴史が長い中国では、牛と言えば身近にいる耕牛を指すことが多く、「愚直」「勤勉」といったイメージが定着しました。"牛奋男 niúfènnán"（コツコツ家族のために頑張る男）という言葉が生まれた背景には、こうした見方があると言えます。

このように、動物の属性に着目して中国語を勉強すると、色々と見えてくることがあります。もう一つ、身近にいる動物を例に挙げましょう。犬は中国語で"狗"です。日本では、忠犬ハチ公に代表されるように、「従順」「忠実」といったポジティブな印象がありますね。逆に中国では、"走狗 zǒugǒu"（悪の手先）という言葉があるように、善悪を考えず、主人の指示に忠実に従う？というイメージからネガティブな意味につながったようです。身近な動物に着目して中国語の表現を学んでみるのも面白いですね。

中国文化コラム

中国の文化、風習や社会事情など、中国語の学習に役立つ情報を紹介したコラムです。

段段春風

你知道"清明节"吗?

四月五号是二十四节气之一的"清明"。正如其字面上的意思,清明是指从这天以后天气开始清朗、明亮起来。在日本,这正是赏樱的好时节,不过今年的樱花好像开得有点儿着急了。

中国当然也有清明。和日本不同的是,日本的清明没有特别的讲头,而中国的清明节则很热闹。在中国,有清明为先人扫墓的习俗,所以和日本的盂兰盆节一样,中国的清明节是法定假日。

我小时候也曾和当年还在世的爷爷奶奶、叔叔婶婶、表亲堂亲们一起去为先人扫过墓。扫墓时,要在墓前供上花,还要烧一种特殊的"纸钱",为的是让先人们在那个世界有钱花。纸钱的面额通常很大,甚至有像一亿元这样的呢。

清明節の時期はちょうど新緑が芽生え始める頃ですね

清明節って知ってますか？

　4月5日は二十四節気の一つ、「清明」です。字の通り、この日から清らかで明るい季節に変わっていくという意味。日本では、ちょうど桜の見頃ですね。今年は桜のほうが少し待ちきれなかったみたいですが。

　中国にももちろん、清明はあります。でも、あまり話題にもならない日本の清明と違って、中国の清明はにぎやかです。中国では清明節に先祖のお墓参りをする習慣があり、日本のお盆と似ています。この日は中国ではお休みになります。

　私も子どもの頃は、まだ元気だったおじいちゃんやおばあちゃん、おじさん、おばさん、いとこたちが集まって、先祖のお墓参りに行きました。お花を供えて、ご先祖様があの世でお金に困らないように、"纸钱"という特別なお金を燃やします。"纸钱"は大きな額面のものが多く、100000000元札（!!）なんてお札もあるんですよ。

段段春風

👉 生词

- **正** zhèng：ちょうど折よく；まさに　　● **如** rú：〈書〉～のごとく、～の通り
- **其** qí：〈書〉それ、それら；その、それらの
- **赏樱** shǎng//yīng：お花見（をする）（その他 "**赏月**"、"**赏花**"、"**赏雪**"、"**赏梅**" など）
- **时节** shíjié：〈書〉時期、季節　　● **着急** zháo//jí：焦る、慌てる；急ぐ
- **讲头** jiǎngtou：こだわり、決まりごと
- **则** zé：〈書〉並んだ二つの事実の後者に用いて、前者と対比する語気を表す（⇒ p.106）
- **热闹** rènao：にぎやかである
- **扫墓** sǎo//mù：墓参りをする
- **盂兰盆节** Yúlánpén Jié：お盆（"**盂兰盆会**" とも）
- **曾** céng：〈書〉かつて、以前
- **在世** zàishì：存命する、生きている
- **表亲** biǎoqīn：父方の女系や母方のいとこ
- **堂亲** tángqīn：父方の男系のいとこ
- **面额** miàn'é：（貨幣・証券などの）額面
- **甚至** shènzhì：～さえ、～すら

词语用法

（1）結果補語 "起来"

本来は動詞の後に置かれ、上方への移動や姿勢変化を表す（例1）。

例1 在哪里摔倒，就在哪里站起来。
Zài nǎlǐ shuāidǎo, jiù zài nǎlǐ zhànqilai.
（〈諺〉失敗から学ぶべし；ある場所で転んだら、そこから立ち上がる）

より抽象化した用法の一つに、状況や行為の発生・開始を表し、「～しだす、～し始める」に相当する使い方がある。本文の"天气开始清朗、明亮起来"では、天候が爽やかで晴朗になるという状況の開始を述べている。以下は動作の開始を表す例。

例2 A：你们先吃起来吧，我马上到。Nǐmen xiān chīqilai ba, wǒ mǎshàng dào.
（先に食べ始めてて、もうすぐ着くよ）

B：那就不等你啦。Nà jiù bù děng nǐ la.
（じゃ、（待たずに）先に食べるからね）

発生・開始に関する事物（目的語）は、"起"と"来"の間に割って入る点に注意。例3は"下起雨来"が正しく、"×下雨起来"や"×下起来雨"とは言えない。

例3 外边下起雨来了。Wàibian xiàqi yǔ lái le.
（外は雨が降り出した）

（2）不確かさを表す "好像"

動詞の直前や文頭に立ち、「どうも～みたいだ、～のような気がする」の意味で、判断が不確実であることを表す。また、断定的な口調を避けるために用いることもできる（例2）。

例1 今年的春节好像是一月底。
Jīnnián de Chūnjié hǎoxiàng shì yī yuè dǐ.
（今年の旧正月は1月末かな）

例2 那本书我看了，好像有点儿难。
Nèi běn shū wǒ kàn le, hǎoxiàng yǒudiǎnr nán.
（あの本を読んだが、ちょっと難しいような気がする）

本文の"今年的樱花好像开得有点儿着急了"では、「今年の桜が早咲き」という事実を、あたかも不確かな感覚のように伝えることで、皮肉で冗談交じりの口調で表現している。

練習問題

括弧内の語句を使って中国語に訳しましょう。

① お花見といえば、恐らく多くの日本人はビールとお弁当を連想するだろう。（起来、賞櫻、想到、便当）

② 人民元の最大の額面は100元みたいです。（人民币、面额、好像）

中国文化コラム

日本人の〈死生観〉と中国人の〈生死観〉？

　清明節になると、街のあちらこちらで"纸钱"を燃やして先祖を供養する姿が見られますが、そこに日本人と中国人の死生観の違いが色濃く出ています。日本語の〈死生観〉は中国語で〈生死観〉と表現されます。

　「終活」や「死に支度」といった言葉に象徴されるように、日本では「死」に対しては、淡々と受け入れようといった考え方がある一方で、中国では"未知生，焉知死。Wèizhī shēng, yān zhī sǐ."（未だ生を知らず、焉んぞ死を知らん）という論語の一節があるように、「死」について語る前に、今を懸命に生きよという考え方があります。つまり、日本では死ありきの生、中国では生ありきの死である、ということであり、〈死生観〉と〈生死観〉の違いを垣間見ることができます。

　また、本文で触れた"纸钱"というのは、上記の儒教の考え方とは異なり、民間信仰である道教のものです。死者はあの世でも生きているという"死生一如 sǐshēng yìrú"の考え方のもと、死者があの世で生活や金銭に不自由しないように、"纸钱"を焼いてあの世に送金するのです。現在では"纸钱"だけにとどまらず、紙でできた家や家電製品、車なども燃やしたりします。

　一見すると、中国の〈生死観〉には相反する思想が併存しているように思えますが、長い歴史の中で様々な文化的交流や衝突を経て生まれたものだと言えるでしょう。

段段春風

第2课 赏樱花的季节
Shǎng yīnghuā de jìjié

大家今年去赏花了吗？今年的樱花开得比往年早，所以四号参加NHK女同事们的聚会时，樱花已经开始谢了。我最爱樱花刚开始凋零的时候，花瓣随风飞舞的样子真的很美。

刚来到日本时，电视新闻和报纸上关于"樱花前线"的报道曾让我感到很不可思议。因为我没想到"今天樱花开到哪儿了"这样一件事竟然也是了不得的新闻。怎么会有这样的"前线"呢？实际上，在中国没有这样举国赏花的习惯。虽然中国也有樱花树，但不像在日本的地位这么特殊。中国的国土东西南北四面都很辽阔，所以生长的植物也多种多样，没有像日本的樱花这样全国到处都有的植物。如果非要说的话，嗯……也就是牡丹或者梅花了吧。不过，好像还是不太一样。

お花見シーズン

　みなさんは今年お花見をしましたか？　今年は例年より桜の開花が早かったので、4日にあったNHKスタッフ女子会のお花見も、もう散り始めでした。私は散り始めの頃が一番好き。桜の花びらが風に舞う姿は本当にきれいですよー。

　日本に来たばかりの頃、ニュースや新聞で「桜前線」というのがあり、不思議に思ったことがありました。「今日は桜がどこまで咲きました」ということが大きなニュースになるなんて、思いもよらなかったためです。どうしてそんな「前線」があるの？　実は、中国には全国一斉にお花見をするような習慣はありません。中国にも桜の木はありますが、日本のような特別な存在ではありません。なぜなら、中国は国土が南北東西に広いため、自生している植物も様々で、日本の桜のように全国どこにでもあるというような植物がないのです。あえて言えば、うーん…牡丹か梅かな…。やっぱり、違いますね。

段段春風

☞ 生词

- **往年** wǎngnián：例年
- **聚会** jùhuì：集まり、パーティー
- **谢** xiè：（花が）散る
- **凋零** diāolíng：〈書〉（花が）散る；（葉が）落ちる
- **随** suí：〈介詞〉〜にしたがって、〜に合わせて
- **飞舞** fēiwǔ：舞い上がる
- **感到** gǎndào：〜と感じる、〜と思う
- **不可思议** bùkěsīyì：不思議である
- **竟然** jìngrán：意外にも、なんと
- **了不得** liǎobudé：立派だ；並々ならぬ
- **举国** jǔ//guó：国を挙げて
- **辽阔** liáokuò：〈書〉（土地などが）果てしなく広い
- **生长** shēngzhǎng：成長する、生息する
- **多种多样** duōzhǒng duōyàng：多種多様な
- **到处** dàochù：至るところ；あちこち

井の頭公園の桜も満開！　みなさんはどこでお花見しましたか？

7

词语用法

(1) "動詞＋得＋程度補語"

　　動詞によって示される行為・出来事を説明の対象とし、それに関わる程度や結果について解説する。本文の"今年的樱花开得比往年早"では"开"(開花)という出来事について「例年より早い」と程度を述べている。以下の"说得对"は結果を述べる例。

例1　A：虚心点儿。人外有人，山外有山嘛。
　　　　Xūxīn diǎnr. Rén wài yǒu rén, shān wài yǒu shān ma.
　　　　（謙虚でいなさい。「上には上がいる」でしょう）
　　　B：您说得对。Nín shuōde duì.（おっしゃる通りです）

　　また、"得"の前には動詞しか入らず、目的語を示す場合は"(……的)目的語"を動詞の前に置くか、"動詞＋目的語"の後に動詞を繰り返す必要がある（"×我唱歌得不好"は不可）。

例2　我(的)歌唱得不好。Wǒ (de) gē chàngde bù hǎo.（私は歌が下手だ）
　　　　我唱歌唱得不好。Wǒ chàng gē chàngde bù hǎo.

　　この文型では意味の重点が動詞ではなく、補語にある。つまり、行為そのものよりも、行為の行われ方がどうであるかの方に関心がある。ちなみに、行為そのものに重点を置く場合は"副詞句＋動詞"で表すことが多い（例3と例4を比較）。

例3　他跑得飞快。Tā pǎode fēikuài.（彼は走るのが飛ぶように速い）
例4　他飞快地跑着。Tā fēikuài de pǎozhe.（彼は飛ぶように速く走っている）

(2) 非(要/得)……(不可)

　　「どうしても～しなければならない；ぜひとも～したい」という意味で、強い必要性や話し手の強い意志を表す。口語では、"要/得 děi"や"不可"を省略することもできる。本文の"如果非要说的话"は"不可"を省略した形で、直訳すれば「どうしても言わなければならないなら」となり、日本語の慣用句「強いて言うなら」に相当する。

例1　我不让他去，他非(要)去。Wǒ bú ràng tā qù, tā fēi (yào) qù.
　　　　（彼を止めたが、彼はどうしても行くと決めていた）

　　また、"非……不可"の形では、「必ず～なる」という「事態の必然的な成り行き」を表す用法もある。

例2　多穿点儿，你这样非感冒不可。Duō chuān diǎnr, nǐ zhèyàng fēi gǎnmào bùkě.
　　　　（もっと着なさい、これじゃ絶対風邪をひくから）

練習問題

括弧内の語句を使って中国語に訳しましょう。

① 今日のパーティーは思いのほか、こんなにも早く終わった。(聚会、竟然、"動詞＋得＋程度補語")

② 彼はあちこちで他人の悪口を言うから、絶対に罰が当たる。(到处、坏话、遭报应、"非……不可")

本場の中国語ワンフレーズ

花心　浮気性

　色鮮やかな花の群れのイメージから、中国語の"花"には「色とりどりの」という形容詞的な用法がある（例："花衬衫 huā chènshān"（色とりどりのシャツ）、"花猫 huāmāo"（三毛猫））。"花心"は「心がいろいろな色をする」という字面通りの意味から、一途でないことの喩えとなる。また「遊び人」という意味で"花心大萝卜 huāxīn dàluóbo"（一説では、皮が緑で「芯」が赤い品種の大根を用いて、見せかけと違う「下"心"」を持つ浮気者を喩える）という表現がある。近頃は、次のように"花"だけで浮気性を表す用法もある。例：你小心点儿！我听说他挺花的。Nǐ xiǎoxīn diǎnr! Wǒ tīngshuō tā tǐng huā de.（気をつけてね！彼は結構遊んでるらしいよ）

段段春風

第 3 课 高中的制服真好

在日本，四月是新生入学的月份。在中国，新学年始自漫长暑假结束后的九月。不只中国，欧美国家也是如此。实际上，世界上大多数国家都是九月开学，四月开学的可是少数派呀!!

每年的这个时候，电视新闻里总能看到穿着漂亮、帅气校服的高中生聚集在樱花树下的身影。在中国，像水手服、休闲西服上装这样好看的校服很少见。取而代之的，是日本学校上体育课时常穿的运动衫。学生从出门上学到回家，一直穿运动衫，一点儿都不"卡哇伊"。每当看到日本学生可爱、帅气的校服，我总会羡慕地想："这才是青春哪！"

ブレザー姿、似合いますか～？

高校の制服はいいですね

　日本では４月は入学シーズンですね。中国では、新しい学年の始まりは、長い夏休みが終わった９月です。中国だけでなく、アメリカやヨーロッパでもそう。実際、世界の国々の多くの入学シーズンは９月で、４月というのは少数派なんです！

　毎年この季節、日本では桜の木の下できれいな制服を着た高校生たちの姿がニュースで流れます。実は中国には、セーラー服やブレザーのようなかわいい制服はあまりありません。日本の学校の体育の授業で着るような運動服（ジャージ）がその代わり。家を出て学校に行き、帰ってくるまで運動服です。全然かわいくありませんね。日本の学生のかわいくてかっこいい制服を見るたびに、「青春してるなあ」って、ちょっとうらやましくなりますよ。

段段春風

☞ 生词

- **始自** shǐ zì：〈書〉～から始まる
- **漫长** màncháng：〈書〉（時間や道程が）長々とした、長たらしい
- **结束** jiéshù：終わる；終わらせる　　● **开学** kāi//xué：学校が始まる
- **帅气** shuàiqi：かっこいい；颯爽とする　　● **校服** xiàofú：学校の制服
- **聚集** jùjí：（一か所に）集まる；集める
- **身影** shēnyǐng：姿、人影
- **水手服** shuǐshǒufú：セーラー服
- **休闲** xiūxián：カジュアルな；レジャー（"**休闲西服**"で「カジュアルウェア」の意）
- **上装** shàngzhuāng：上着（アパレル専門用語。一般に「上着」は"**上衣**"）
- **好看** hǎokàn：きれいである；（映画や書籍などが）面白い
- **少见** shǎojiàn：まれにしか見ない、あまり見かけない
- **取而代之** qǔ'érdàizhī：取って代わる
- **卡哇伊** kǎwāyī：〈新〉かわいい（"**卡哇依**"とも）
- **每当** měi dāng：〈書〉～するたびに、～する時はいつも
- **羡慕** xiànmù：うらやましく思う、うらやましがる

11

词语用法

(1) "一点儿＋都／也＋不／没……"

概ね日本語の「少しも～ない、ちっとも～ない」に相当する否定の表現。本文では"一点儿都不 'かわいい'"（ちっともかわいくない）というフレーズで使われている。以下は、久しぶりに会った友人に対してよく使う表現。

例1 A：你一点儿都没变！
　　　Nǐ yìdiǎnr dōu méi biàn!
　　　（ちっとも変わってないね）

　　　B：真会说话！
　　　Zhēn huì shuōhuà!
　　　（口がうまいね）

(2) "知覚動詞＋到"

中国語では、ある事物や出来事を目または耳でとらえた瞬間に重点を置いた表現は、通常"看"、"听"などの知覚動詞だけでは成立せず、その後ろに結果補語の"到"（ほかに"见"、"着 zhao"）を伴う必要がある。

例1 我今天早上在车站听到有人叫我，是你吗？
　　　Wǒ jīntiān zǎoshang zài chēzhàn tīngdào yǒu rén jiào wǒ, shì nǐ ma?
　　　（今朝、駅で誰かが私を呼んでいるのが聞こえましたが、あなたでしたか）

本文の"每当看到日本学生可爱、帅气的校服，我总会羡慕地想……"（日本の学生のかわいくてかっこいい制服を見るたびに、いつも…とうらやましく思う）では、日本の学生の制服を見た瞬間の感想について述べているので、結果補語"到"なしでは不自然になってしまう（×每当看日本学生可爱、帅气的校服，我总会羡慕地想……）。

逆に、次の例のように、一定時間続けてある事物を視聴する場合、結果補語は不要（例2）。

例2 昨天我听了一场交响乐。
　　　Zuótiān wǒ tīngle yì chǎng jiāoxiǎngyuè.
　　　（昨日、私はオーケストラを聴いた）

練習問題

括弧内の語句を使って中国語に訳しましょう。

① 明日冬休みが終わるが、宿題はまだ少しもやっていない。（寒假、结束、"一点儿都没……"）

② 私は初めてこんなにきれいな着物を見ました。（第一次、"動詞＋到"、好看、和服）

本場の中国語ワンフレーズ

好好学习，天天向上！　よく勉強し、日々進歩！

　青少年を励ます言葉として、かつてほとんどの小中学校の黒板の上方にスローガンとして貼ってあった。今なお残っている学校がある。スローガンを教育・宣伝手段として重んじる時代への懐かしみや揶揄の意も含め、その逐語訳である"Good good study! Day day up!"が最近「中製英語」ランキング第1位に輝くほど、このフレーズは"七零后、八零后 qīlínghòu, bālínghòu"（70年代、80年代生まれの世代）を中心に絶大な人気を博した。「勉強[仕事]頑張ってね」と励ます際に、次のように使ってみよう。例：祝你好好学习［工作］，天天向上！Zhù nǐ hǎohāo xuéxí [gōngzuò], tiāntiān xiàngshàng!（勉強[仕事]を頑張って、日々進歩するんだよ！）

段段春風

天津 没有"天津饭"

我的家乡在中国天津。它在从北京往东坐高铁三十分钟左右的地方,是一座海港城市。每次我跟日本人说"我老家是天津",大家总会说"我可喜欢吃天津饭了"、"天津栗子好好吃啊"什么的。但其实在天津,并没有这种在热腾腾的蟹肉炒蛋上浇盖酸甜酱汁的"天津饭"。

刚来日本的时候,去中餐馆儿吃饭,看了菜单后不由得就点了这道"天津饭"。尝过后觉得:"有点儿太甜了吧……"。

之所以叫"天津饭",据说是因为当初是用天津产的大稻米做的。另外,栗子天津有是有,但并不是天津的特产。不过,多亏了这'两大天津特产',我做自我介绍的时候方便多了——"大家好,我来自中国天津,'天津饭'的'天津'。"

天津には天津飯はありません

　私の故郷は中国の天津です。北京から高速鉄道で30分ほど東に行ったところにある港町。「出身は天津」と言うと、いつも日本人から言われるのは「天津飯は好きですよ」「天津甘栗はおいしいよね」とか。でも実は天津には、ほかほかのカニタマに甘酸っぱいあんかけソースがかかった「天津飯」という食べ物はありません。

　日本に来たばかりの時、中華料理屋さんに入ってメニューを見て、思わず注文してしまいました。食べてみて思ったのは「ちょっと甘すぎるかな…」。

　なぜ天津飯と言うかというと、昔、天津産のお米を使って作ったからだそうです。それと、甘栗は天津にもあることはありますが、特別、名物というわけではありません。でも、この「天津の二大名物」のおかげで、自己紹介する時には大変便利です。「みなさん、こんにちは。『天津飯』の天津から来ました」って具合にね。

段段春風

👉 生词

- 高铁 gāotiě：高速鉄道（中国の「新幹線」。従来の軌道を使う"**动车**"と違い、専用軌道を走る）
- 好 hǎo：とても、なんて（感嘆の気持ちを含む）
- 并 bìng：さして～（でない）、決して～（でない）
- 热腾腾 rètēngtēng：熱くて湯気が立つ様子
- 浇 jiāo：（液体を）かける　　● 盖 gài：覆い被せる
- 酸甜 suāntián：甘酸っぱい　　● 酱汁 jiàngzhī：たれ
- 不由得 bùyóude：思わず
- 道 dào：料理（主におかず）を数える量詞
- 之所以 zhī suǒyǐ：なぜ～かというと（後に"**是因为**"が呼応することが多い）
- 据说 jùshuō：話によると（"**据……说**"の形で「～の話によると」）
- 大稻米 dàdàomǐ：お米
- 另外 lìngwài：それに
- 多亏 duōkuī：～のおかげで（ある）

故郷・天津の子ども時代の私です

词 语 用 法

（1）「行為の実行済み」を表す"動詞＋过"

"動詞＋过"には「過去の経験」を表す用法（例 1）のほか、「実行予定の行為が実現済み」であることを確認する用法がある（本文例 2）。

例1 大家听说过天津吗？Dàjiā tīngshuōguo Tiānjīn ma?
（みなさんは天津のことを聞いたことがありますか？）

例2 尝过后觉得："有点儿太甜了吧"。Chángguo hòu juéde : "yǒudiǎnr tài tián le ba".
（食べてみた後に思ったのは「ちょっと甘すぎるかな」）

経験を表す用法と違って、後者の"过"は文の述語の後に現れる場合、文末の"了"と共起する（例 2 の文の述語は"尝"ではなく"觉得"なので"了"は不要）。また、否定式では"过"が残らない（例 3a「経験を表す"过"」と例 4a「実現済みを表す"过"」を比較）。

例3 a. 吃过烤鸭。Chīguo kǎoyā.（北京ダックを食べたことがある）
b. 没吃过烤鸭。Méi chīguo kǎoyā.（北京ダックを食べたことがない）

例4 a. 吃过晚饭了。Chīguo wǎnfàn le.（夕食はもう済ませた）
b. 还没吃晚饭呢。Hái méi chī wǎnfàn ne.（夕食はまだ済ませていない）

例えば、"去故宫了"と"去过故宫了"はいずれも「故宮に行った」と訳されるが、後者は「リストアップされた実行予定の行為を済ませた」というニュアンスを強く含む。予定していない場合、または予定を聞き手と共有していない場合には"过"は不向き。

例5 A：昨天去哪儿了？Zuótiān qù nǎr le?（昨日どこに行ってきたの？）
B：○去 [×去过] 故宫了。Qù [×Qùguo] Gùgōng le.
（故宮に行ってきたよ [×故宮はもう行ったよ]）

（2）比較の量差を表す"……多了"

形容詞に後続して「（～と比較して）ずっと～、ずいぶん～」という意味を表す。本文の"多亏了这'两大天津特产'，我做自我介绍的时候方便多了"では、「二大天津特産」が存在しない場合と比較し、「（ある方が）自己紹介がずっと便利だ」と述べている。このように、"……多了"を使用する場合、比較対象が自明であれば省略されることが多い。

例1 哎哟，你（比以前）瘦多了！Āiyo, nǐ (bǐ yǐqián) shòu duō le!
（あら、（昔より）だいぶやせたね！）

例2 A：感觉怎么样？Gǎnjué zěnmeyàng?（調子はどう？）
B：好多了。Hǎo duō le.（だいぶよくなったよ）

練習問題

括弧内の語句を使って中国語に訳しましょう。

① 彼はなぜ一緒に食べないかというと、もう食事を済ませたからだ。("之所以、"動詞+过")

② さっきお湯を飲んだおかげで、喉がだいぶ楽になった。(多亏、嗓子、舒服、"……多了")

本場の中国語ワンフレーズ

齁 甘すぎ／しょっぱすぎ

　甘すぎるものや塩辛すぎるものを食べたときに起こる不快感を表す形容詞。"这么咸！齁死我了！Zhème xián! Hōusǐ wǒ le!"（しょっぱすぎて死にそうだ）や"太甜了！齁得慌！Tài tián le! Hōude huāng!"（甘すぎて気持ち悪い）などのように、感嘆の気持ちを含む場合が多い。

　また、ネズミが塩を食べすぎてコウモリ（蝙蝠 biānfú；北京では俗に"燕巴虎儿 yànbāhǔr"）になったという言い伝えから、北京、天津を含む北方地域の一部では、次のような冗談めいた愚痴の決まり文句がある。例：这么齁！要变燕巴虎儿了！Zhème hōu! Yào biàn yànbāhǔr le!（しょっぱっ！コウモリになっちゃうわ！）

第 5 课 你生日的星座是？

五月四日是我的生日。不论在日本还是中国，生日那天都会和朋友、家人聚在一起庆祝，这一点是相同的。哦，对了，大家相信星座吗？五月初的星座在日语中是"牡牛座"，中文里写做"金牛座"。

那这次我就教教大家中文里星座的说法。白羊座（或"牡羊座"）、金牛座、双子座、巨蟹座、狮子座、处女座、天秤座、天蝎座、射手座、摩羯座、水瓶座、双鱼座。怎么样？看汉字能猜出是什么星座吗？

来日本后有一件事让我非常惊讶，那就是电视上的早间资讯类节目最后通常会有一个"今日运势"单元。在中国，算命占卜之类的只能在书刊或网络上看到。日本人还真是喜欢算命占卜呢！

誕生日の星座は？

　5月4日は私の誕生日です。日本でも中国でも、誕生日には友だちや家族が集まってお祝いするのは一緒ですね。ところで、みなさんは星座占いを信じますか？5月の初めの星座は、日本語では「牡牛座」です。中国語では「金牛座」と書きます。

　今回は中国語の星座を教えましょう。白羊座（おひつじ座）、金牛座（おうし座）、双子座（ふたご座）、巨蟹座（かに座）、獅子座（しし座）、処女座（おとめ座）、天秤座（てんびん座）、天蝎座（さそり座）、射手座（いて座）、摩羯座（やぎ座）、水瓶座（みずがめ座）、双魚座（うお座）。どうですか、漢字から推測できましたか？

　日本に来てびっくりしたことの一つが、朝の情報番組の最後に「今日の運勢」というコーナーがあること！ 中国では占いは本やネットで見るくらい。日本人って、本当に占いが好きな国民なんですネ！

段段春風

☞ 生词

- 不论 búlùn：たとえ〜であろうとも
- 庆祝 qìngzhù：祝う
- 说法 shuōfǎ：言い方
- 猜 cāi：当てる、推測する
- 惊讶 jīngyà：不思議がる、いぶかる
- 资讯 zīxùn：〈新〉情報（元は台湾などで使われる）
- 节目 jiémù：（テレビ・ラジオなどの）番組；演目、出し物
- 单元 dānyuán．（番組の）コーナー
- 算命 suàn//mìng：（人の運命などを）占う
- 占卜 zhānbǔ：占い（をする）
- 之类 zhī lèi：〜のたぐい（"之类的" の形で使われることが多い）
- 书刊 shūkān：書籍と雑誌
- 网络 wǎngluò：インターネット；ネットワーク

私の誕生日5月4日は中国では青年節の日です

词语用法

（1）"A＋让＋B＋感情類形容詞・動詞"

　　Bという人がAというものや出来事から刺激を受け、"感动"、"难过"、"高兴"などの感情が生まれることを表す。本文の"有一件事让我非常惊讶"（あることは私を驚かせた）では、"我"は"一件事"から刺激を受け、"惊讶"という感情が生まれたことを表している。このような場合、日本語では、通常「私はあることに驚いた」のように、刺激を受ける主体が主語になる文型を用いるが、中国語ではむしろ上で示した刺激物を主語とする使役表現を多く用いる。

例1 他的话让我非常感动。Tā de huà ràng wǒ fēicháng gǎndòng.
（彼の言葉は私を大変感動させた）

例2 A：那这件事就交给你了。Nà zhèi jiàn shì jiù jiāo gěi nǐ le.
（それじゃ、この件は任せたよ）

　　　B：您放心，我绝不会让您失望的。Nín fàngxīn, wǒ jué bú huì ràng nín shīwàng de.
（ご安心ください。絶対にがっかりさせませんから）

"让"の代わりに、"使"、"令"なども使える。

例3 这个好消息让 [使 / 令] 大家都很开心。
Zhèi ge hǎo xiāoxi ràng [shǐ / lìng] dàjiā dōu hěn kāixīn.
（この知らせを聞いてみんな喜んだ）

（2）"不论……都……"（～にせよ、いずれも～）

　　"不论"の後で一度複数の選択肢を提示した上で、後続する"都"でそれらの選択肢をくくり「いずれの場合も」という意味を表す。同じ意味で"无论"、口語では"不管"とも言う。本文の"不论在日本还是中国，生日那天都会……"では、日本と中国という2つの選択肢を提示した上で、いずれの国でも誕生日は友人や家族と祝うことを述べている。"不论"などの直後で複数の選択肢を提示する必要があり、主に以下の3つの文型が使われる（"×不论明天下雨，我也要去。"などとは言えない）。

例1 明天不论下不下雨，我都要去。Míngtiān búlùn xià bú xià yǔ, wǒ dōu yào qù.
《正否反復：選択肢2つ》（明日は雨が降っても降らなくても、必ず行く）

例2 明天不管刮风、下雨还是下雪，我都要去。
Míngtiān bùguǎn guā fēng, xià yǔ háishi xià xuě, wǒ dōu yào qù.
《選択疑問：選択肢2つ以上》（明日は風が吹いても雨が降っても雪が降っても、必ず行く）

例3 明天无论是什么天气，我都要去。
Míngtiān wúlùn shì shénme tiānqì, wǒ dōu yào qù.
《疑問詞：無数の選択肢》（明日はどんな天気であっても、必ず行く）

練習問題

括弧内の語句を使って中国語に訳しましょう。

① いったい何にそんなに怯えているの？（究竟、"A＋让＋B＋感情動詞"、害怕）

② どんなに当てようとしても、彼女の年齢を当てることができない。（猜、"不论……都"）

本場の中国語ワンフレーズ

听天由命　　天命に任せる

四字熟語。"听"、"由"は「勝手にさせる、任せる」、"天"は「神様」、"命"は「運命」を意味する。中国人のほとんどは特定の宗教や信仰を持たないが、古くから人には定められた命数があることが信じられてきた。そのため、"我的命好苦哇。Wǒ de mìng hǎo kǔ wa."（私はなんて不幸者だ）や"你命真好。Nǐ mìng zhēn hǎo."（あなたって幸運に恵まれているね）など、"命"を用いた慣用表現が多く存在する。事の成り行きが天から授けられた運命に定められているという考え方は、中国の"靠天吃饭 kào tiān chī fàn"（食料は天気に依存する）という農耕文明の特徴に関係するだろう。例：能做的都做了，接下来就只有听天由命了。Néng zuò de dōu zuò le, jiēxiàlái jiù zhǐ yǒu tīng tiān yóu mìng le.（できる限りのことをした。後は天命を待つだけだ）

段段春風

第6课 儿童节是哪天？
Értóng Jié shì něi tiān?

五月五号是日本的端午节，这一天是孩子们（男孩子）的节日。中国也有端午节，不过按农历过，所以今年是六月二十号。同样是"端午节"，在中日两国的印象却不尽相同。日本的端午节挂鲤鱼旗是为祈愿孩子茁壮成长，在中国则和孩子没有什么关系。在中国也有端午节吃粽子的习惯。我以前在天津的时候也常吃甜粽子（中国北方习惯吃甜粽子，南方常吃咸粽子）。

古代中国有一位著名的诗人和政治家，叫屈原。他曾经被流放，后来投江自尽了。悲痛的国人为了保护他的身体不被鱼吃掉，将粽子投入江里，相传这就是端午吃粽子的由来。

顺便说一句，中国的儿童节是六月一日。父母祈盼孩子健康成长的心情，无论在哪里都是一样的啊。

a.

こどもの日はいつ？

　日本では5月5日は端午の節句ですね。子どもたち（男の子）のお祝いの日です。中国にも端午節がありますが、中国では旧暦に基づくので、今年は6月20日です。同じ「端午節」でも、二つの国では思い浮かべる季節感が少し違いますね。日本では子どもの健やかな成長を願って鯉のぼりを揚げるそうですが、中国では子どもとは特に関係がありません。中国でもこの日は、ちまきを食べる習慣があります。私も天津にいた時は甘い粽子をよく食べましたよ（中国の北部では甘い粽子を、南部では塩辛い粽子を食べます）。

　古代中国に、屈原という、政治家で有名な詩人がいました。ある時、国を追放されてしまい、後に自ら川に身を投げて死んでしまいました。あわれに思った国民が、屈原の体が魚に食べられないよう、川に粽子を投げたのが、端午節にちまきを食べるようになった由来とされています。

　ちなみに、中国のこどもの日は6月1日です。親が子どもの成長を願う気持ちはどこも一緒ですね。

段段春風

☞ 生词

- 节日 jiérì：祝祭日
- 农历 nónglì：旧暦（"阴历 yīnlì" とも）
- 过 guò：（ある時間を）過ごす；（祭日や記念日を）祝う
- 却 què：かえって、～にもかかわらず
- 不尽 bújìn：全て～とは限らない
- 相同 xiāngtóng：同じである
- 祈愿 qíyuàn：祈る、願う
- 茁壮 zhuózhuàng：たくましく、健やかに（成長する）
- 流放 liúfàng：流刑にする
- 自尽 zìjìn：自害する
- 保护 bǎohù：守る、保護する
- 将 jiāng：〈書〉～を（口語の "把" に相当）
- 相传 xiāngchuán：伝えられるところによれば
- 顺便 shùnbiàn：ついでに
- 祈盼 qípàn：切に願う

端午の節句にちまきをいただきました！

词语用法

(1) 基準を表す前置詞 "按……"

「～に基づき、～で」の意で、ある基準に従うことを表す。本文の"中国也有端午节，不过按农历过"では、中国の端午節は「旧暦を基準に」日付を計算すると述べている。口語では"按着"の形で用いられることもある。

例1 他们公司的工资不按月算，按年算。
Tāmen gōngsī de gōngzī bú àn yuè suàn, àn nián suàn.
（彼らの会社の給料は月俸制ではなく、年俸制だ）

例2 明天午饭按着一个人八十块准备。
Míngtiān wǔfàn ànzhe yí ge rén bāshí kuài zhǔnbèi.
（明日の昼食は一人 80 元（の基準）で用意して）

また、"按＋名詞＋说/讲"は道理や条件・規定に基づき判断を下す場合に使う。次の"按说"は"按理说"（一般の常識・道理・状況から考えれば）の短縮形。

例3 A: 他不会忘了吧。Tā bú huì wàng le ba.
（まさか彼は（約束を）忘れたわけじゃないよね）

B: 按(理)说不会啊…… Àn (lǐ) shuō bú huì a......
（普通はそんなはずないけどね…）

(2) 結果が気になる「被動文」——"A＋被＋B＋動詞句"

「被動文」とは概ね日本語の受身文に相当し、「A が B の引き起こした事態を被って～となる」という意味を表す。"被"は被動文において事態を引き起こす側を導く前置詞で、否定を表す"不"、"没"やほかの副詞などは"被"の前に置かれる（本文例 1）。

例1 悲痛的国人为了保护他的身体不被鱼吃掉……
Bēitòng de guórén wèile bǎohù tā de shēntǐ bú bèi yú chīdiào......
（あわれに思った国民は、彼の体が魚に食べられないように…）

"被"は書面語的で、口語では代わりに"让"、"叫"をよく用いる。ただし、"被"を用いる場合、本文例の"他曾经被流放"（彼は流刑にされた）のように、行為者を明示せずに省略できるが、"让"、"叫"ではできない点に注意。

「被動文」と日本語の受身文との最大の違いの一つは、単に「A が B の動作・行為を受けた」ことを述べるだけではなく、A がそれによって「～となった」という結果まで明示する必要がある点。そのため、結果を明示しない動作動詞だけでは「被動文」が成立し難く、典型として"動詞＋結果を示す補語"の形がよく用いられる（例 2）。

例2 ×王洋被韩国选手踢了。Wáng Yáng bèi Hánguó xuǎnshǒu tī le.
（王洋は韓国の選手に蹴られてしまった）

→ ○王洋被韩国选手踢伤了。Wáng Yáng bèi Hánguó xuǎnshǒu tīshāng le.
（王洋は韓国の選手に蹴られ、怪我した）

なお、回数や持続時間を示して動作に一定のまとまりを持たせれば、文はまた成立し、例えば"王洋被韩国选手踢了一脚。"（王洋は韓国の選手に1回蹴られた）はOK。また、"买"（買う）、"杀"（殺す）など、動作実現後の結果がほぼ一つに決まっている動詞（买：品物が手に入る；杀：相手が死ぬ）なら、"動詞＋了"だけでも被動文が成立する。

例3 他的父亲在战争中被杀了。Tā de fùqin zài zhànzhēng zhōng bèi shā le.
（彼の父親は戦争で殺されてしまった）

練習問題

括弧内の語句を使って中国語に訳しましょう。

① 今、中国の若者のほとんどが陽暦で誕生日を祝う。（阳历、按、过）

② 肉は全部食べられてしまったが、野菜はたくさん残った。（被、则、剩）

本場の中国語ワンフレーズ

花骨朵　花のつぼみ

「子ども」を意味する喩え。少し前までは"花朵 huāduǒ"という喩え文句しかなかったが、近年、特にインターネットでは、"花朵"（花）の代わりに"花骨朵 huāgūduo"（「蕾」の俗っぽい言い方）を用いる人が多い。これは、「蕾」は「花」よりも子どもを連想させやすいからかもしれない。また、相手が年下の若い人であれば、大人に対しても冗談で以下のように言える。例：你们是花骨朵。我们已经老了。Nǐmen shì huāgūduo. Wǒmen yǐjīng lǎo le.（君たちはまだまだ若いよ。我々はもう老いぼれた）

第7课 你最喜欢的中国菜是什么？
Nǐ zuì xǐhuan de zhōngguócài shì shénme?

饺子、烧卖、炒饭……我最喜欢的是饺子和炸酱面。
Jiǎozi, shāomài, chǎofàn…… wǒ zuì xǐhuan de shì jiǎozi hé zhájiàngmiàn.

我说的饺子，不是在日本常见的煎饺子，而是水饺。
Wǒ shuō de jiǎozi, bú shì zài Rìběn chángjiàn de jiānjiǎozi, ér shì shuǐjiǎo.

在中国说"饺子"，主要是指水饺或蒸饺。在我
Zài Zhōngguó shuō "jiǎozi", zhǔyào shì zhǐ shuǐjiǎo huò zhēngjiǎo. Zài wǒ

的家乡天津也有专门卖饺子的饭馆儿，饺子当主食，
de jiāxiāng Tiānjīn yě yǒu zhuānmén mài jiǎozi de fànguǎnr, jiǎozi dāng zhǔshí,

一顿饭只吃饺子，能吃好几十个呢！
yí dùn fàn zhǐ chī jiǎozi, néng chī hǎojǐshí ge ne!

在家里包饺子吃也是一样，先吃热乎乎的水饺，
Zài jiāli bāo jiǎozi chī yě shì yíyàng, xiān chī rèhūhū de shuǐjiǎo,

剩下的第二天做成煎饺子或炸饺子。所以我刚来
shèngxià de dì èr tiān zuòchéng jiānjiǎozi huò zhájiǎozi. Suǒyǐ wǒ gāng lái

日本时看见中餐馆儿里客人们都在吃煎饺子，就
Rìběn shí kànjian zhōngcānguǎnrli kèrénmen dōu zài chī jiānjiǎozi, jiù

想："大概是昨天做多了吧"。
xiǎng: "Dàgài shì zuótiān zuòduō le ba".

另外，让我吃惊的还有"拉面+米饭+饺子"套餐！
Lìngwài, ràng wǒ chījīng de hái yǒu "lāmiàn mǐfàn jiǎozi" tàocān!

在中国，饺子是主食，当然
Zài Zhōngguó, jiǎozi shì zhǔshí, dāngrán

面和米饭也是。日本人为
miàn hé mǐfàn yě shì. Rìběnrén wèi

什么净吃主食啊??
shénme jìng chī zhǔshí a??

お母さんが作ってくれた餃子は最高ですよ〜

好きな中華料理は何ですか？

　餃子、焼売、炒飯…。私の好物は餃子とジャージャー麺。餃子と言っても、日本でよくある焼き餃子ではなく、水餃子です。

　中国で"饺子"と言えば、水餃子や蒸し餃子が主流です。故郷の天津にも餃子専門店があって、主食として、水餃子ばかりを何十個も食べることもあります。

　家で餃子を作る場合も、まず熱々の水餃子で食べて、残った分を翌日、焼き餃子か揚げ餃子にしていました。だから、日本に来たばかりの頃に中華料理屋さんでお客さんが焼き餃子ばかりを食べているのを見て、「昨日作りすぎたのかな？」と思ったものでした。

　それと、びっくりしたのは「ラーメン＋ライス＋餃子」のセット！ 中国では餃子は主食です。もちろん麺やご飯も。日本人ってなんでこんなに主食ばかり食べるのでしょう？？

☞ 生词

- **烧卖** shāomài：シューマイ（"**烧麦**"とも）
- **炸酱面** zhájiàngmiàn：ジャージャー麺
- **常见** chángjiàn：よく見かける、よくある
- **煎** jiān：（鍋に少量の油を入れて）焼く
- **当** dāng：（〜を）〜とする
- **顿** dùn：食事や喧嘩などの回数を数える量詞
- **热乎乎** rèhūhū：ほかほかの、温かい
- **剩下** shèngxià：残る、余る；残す、余す
- **第二天** dì'èrtiān：翌日、次の日
- **吃惊** chī//jīng：驚く
- **套餐** tàocān：セットメニュー、定食
- **净** jìng：〜ばかり（〜する）

段段春風

词语用法

（1）"不是 A（而）是 B"

「AではなくBだ」という意味で、口語では"而"を省略することが多い。本文では、"不是在日本常见的煎饺子，而是水饺"（日本でよくある焼き餃子ではなく、水餃子だ）という文で使われている。"不是 A（而）是 B"は目的語の位置に入らない点に注意（例 1b）。

例1
a. <u>不是他，而是我</u>喝黑咖啡。Bú shì tā, ér shì wǒ hē hēikāfēi.
（<u>彼ではなく、私が</u>ブラックコーヒーを飲む）
b. ×他喝<u>不是咖啡，而是红茶</u>。Tā hē bú shì kāfēi, ér shì hóngchá.
（彼は<u>コーヒーではなく、紅茶</u>を飲む）

1bは"不是 A（而）是 B"を用いて例2のように言えるが、本来判断を表す"是"を含むので、例2の和訳のように判断を下す意味合いが強い。したがって、1bの場合には普通は例3のように表現する。

例2 他不是喝咖啡，而是喝红茶。Tā bú shì hē kāfēi, ér shì hē hóngchá.
（彼はコーヒーを飲むのでなく、紅茶を飲むのだ）

例3 他不喝咖啡，喝红茶。Tā bù hē kāfēi, hē hóngchá.
（彼はコーヒーではなく、紅茶を飲む）

（2）過度を表す"動詞＋多了"

「～しすぎ」という意味で、動作・行為の頻度、持続時間や関わる事物の量などが適度な範囲を超えていることを表す。本文の"大概是昨天做多了吧"は量が多すぎることを表す例だが、例1は動作・行為の頻度が高すぎることを表す。

例1 这家伙外国去多了，连中文都忘了。
Zhèi jiāhuo wàiguó qùduō le, lián Zhōngwén dōu wàng le.
（こいつは海外に行きすぎて、中国語まで忘れた）

目的語は動詞と"多了"の間に入れるのではなく、主題化して主語の位置に立つことが多い（例2）。

例2 ×喝酒多了 hē jiǔ duō le → ○酒喝多了 jiǔ hēduō le（酒を飲みすぎた）

程度補語"……得多了"の短縮形としての"動詞＋多了"も存在するが、「たくさん～する、よく～する」という意味で、過度の意味を含まない（例3）。

例3 看（得）多了，自然就会了。
Kàn(de)duō le, zìrán jiù huì le.
（しょっちゅう見ていれば、自然に習得するものさ）

練習問題

括弧内の語句を使って中国語に訳しましょう。

① 中国では餃子はおかずとしてではなく、ご飯として食べる。(菜、"不是A而是B"、当)

② 彼女は韓流ドラマの見すぎで、一日中恋愛のことばかり考えている。(电视剧、"動詞＋多了"、成天、谈恋爱、净)

段段春風

本場の中国語ワンフレーズ

饺子就酒，越喝越有　餃子を肴に酒を、飲むほどに楽しくなる

やや俗っぽい洒落文句。酒の席に餃子が出てくるという、中国ではむしろ珍しい場面で用いる表現だが、逆に日本では使う機会が多いかもしれない。文中の"就"は「～をおかず[肴]に～を食べる[飲む]」という意味で、口語では"就着"とも言う。文中では"就"の前に立つ"饺子"は「供」だが、逆の場合（「供」が"就"の後）もある。例えば、在日中国人なら一度は思うことは、"日本人为什么吃米饭就着饺子、烧卖、春卷、拉面、意大利面……?! Rìběnrén wèi shénme chī mǐfàn jiùzhe jiǎozi, shāomai, chūnjuǎn, lāmiàn, yìdàlìmiàn……?!"。

もちろん中国でも「変な供」がある。北方の家庭では、生ニンニクを片手に持ってかじりながら餃子や麺類を食べるのが普通だが、万が一勧められたら冷静沈着に対応しよう。例：就蒜吗？——不用了，谢谢……Jiù suàn ma? —— Búyòng le, xièxie……（ニンニクはいかが？——結構です、どうも…）

第8课 行车 方向

　　大家 过 人行横道 的 时候 会 注意 些 什么? 我 第 一 次 来 日本 是 六 年 前。临 行 前,曾 在 日本 工作过 一 年 的 父亲 叮嘱 我:"过 马路 的 时候 要 先 看 右边"。大家 知道 他 为 什么 要 这样 叮嘱 我 吗?

　　在 日本,车辆 在 较 宽 的 马路上 要 靠 左 行驶,所以 过 人行横道 时要 先 看 右边,确认 是否 有 车 开过来。日本 小学 教导 学生 过 人行横道 时要 "先 看 右,再 看 左,再 看 右,然后 过" 也 是 这 个 原因。

　　但 在 中国,车辆 的 行驶 方向 和 日本 相反,是 靠 右 行 的。所以 过 人行横道 时要 先 看 左边,这 个 习惯 可 不 容易 改掉。虽然 我 自 认为 已经 适应了 日本 的 生活,但 直到 现在,有时 还是 会 搞错。欸? 右边…… 左边……?

北海道の道路はまっすぐですね〜

車の方向

　みなさんは横断歩道を渡る時、どんなことに注意しますか？ 私が初めて日本に来たのは6年前。渡航前、仕事で1年間日本に滞在していたことのある父から注意されたのが、「道を渡る時はまず右側を見なさい」ということでした。どうして父がこのように注意したのか、わかりますか？

　大きな道の場合、日本では車は進行方向の左側の車線を走りますね。だから、横断歩道を渡る人はまず右側を見て、車が近づいてきていないかどうかを確認します。小学生が横断歩道を渡る時、「右を見て左を見て、もう一度右を見てから渡りましょう」と教わるのもそのためですね。

　でも、中国では車の走る方向は日本と逆。車は右側を走ります。だから、横断歩道を渡る時はまず左を見ます。この習慣がなかなか、抜けないのです。日本での生活には慣れてきたつもりですが、今でも時々間違えてしまいますよ。あれ？右…左…？

段段春風

☞ 生词

- **人行横道** rénxínghéngdào：横断歩道
- **临** lín：〜しようとする際に、〜する直前に
- **叮嘱** dīngzhǔ：言い含める、事前に注意しておく
- **较** jiào：〈書〉比較的、割と（意味は "比较" と同じだが、"较" は単音節の形容詞を修飾する）
- **宽** kuān：幅が広い
- **马路** mǎlù：大通り
- **靠** kào：寄る、寄りかかる
- **行驶** xíngshǐ：（自動車、電車などが）進行する
- **是否** shìfǒu：〜するか否か
- **教导** jiàodǎo：教える、指導する
- **相反** xiāngfǎn：逆である
- **自认为** zì rènwéi：（自分自身について）〜と思っていたが
- **适应** shìyìng：適応する、順応する
- **搞错** gǎocuò：間違える

31

词语用法

(1) 可能性を表す"会"

能願動詞"会"の用法の一つは、出来事の発生する可能性についての主観的判断や推測を表す使い方であり（例1）、「～はずだ、～であろう」という意味を表す。平叙文では文末に"的"を伴うことが多い。本文の"大家过人行横道的时候会注意些什么？"では、道路を渡る時に自分が注意するであろうことについて、読者に推測してもらっている。

例1 他一向很认真，<u>不会搞错的</u>。
　　　Tā yíxiàng hěn rènzhēn, bú huì gǎocuò de.
　　　（彼はいつも真面目で、間違えるはずがない）

また、"会"が強く発音される場合、「絶対に、必ず」のように出来事の発生が確実であることを表す（例2）。

例2 您放心，我会注意的。
　　　Nín fàngxīn, wǒ huì zhùyì de.
　　　（ご安心ください。必ず注意を払いますから）

(2) "(没) 有＋名詞＋動詞"

「VをするNがある［いる］／ない［いない］」という意味を表す（例1）。本文の"有车开过来"は「走ってくる（开过来）車（车）がある（有）」と訳される。例1は"(没) 有＋V 的 N"という、対応する日本語により近い形で表現することも可能だが（例2）、前者は行為Vが実行可能か否かに関心を持つのに対し、後者はNの存在如何だけに重点を置いた表現である（例1と例2を比較）。

例1 家里没有东西吃了（去外边吃吧）。
　　　Jiāli méiyǒu dōngxi chī le (Qù wàibian chī ba).
　　　（家には食べる物がなくなったよ（外に食べに行こうか））

例2 (明天搬家) 冰箱里没有吃的东西了吧。
　　　(Míngtiān bānjiā) Bīngxiānglǐ méiyǒu chī de dōngxi le ba.
　　　（（明日引越しするが）冷蔵庫にもう食べ物はない（全部片付けた）よね）

例3 A：有人不能吃辣的吗？
　　　　Yǒu rén bù néng chī là de ma?
　　　　（辛い物が苦手な人はいますか？）

　　　B：别太辣就行。
　　　　Bié tài là jiù xíng.
　　　　（辛すぎなければ大丈夫です）

練習問題

括弧内の語句を使って中国語に訳しましょう。

① (きみは) 出かける直前にお酒を飲んできたはずはないよね。(出門、临、会)

② 彼が結婚しているかどうかを知っている人はいない。(是否、"没有＋名詞＋動詞")

本場の中国語ワンフレーズ

看车！ 危ない！

　直訳すると「車を見ろ！」になるが、実際は自動車のみならず、二輪車や自転車に気付かず事故に遭いそうな人を注意する際にも用いられる。日本よりも交通違反が頻発する中国では、最近は特に罰則の難しい二輪車などによる事故が多く、また、曲がる自動車が信号を渡る歩行者を待たないなど、交通マナーを違反するケースも多い。ちなみに、"看车"は事故に遭いそうな緊迫した状況だけでなく、以下のように、「信号を渡る時にちゃんと車を確認してね」と事前に言い含める場合にも使える。例：过马路的时候看车啊。Guò mǎlù de shíhou kàn chē a. (道を渡る時は車に気を付けてね)

第9课 我爱"拉面"！
Wǒ ài "lāmiàn"!

大家最爱吃的东西是什么？我爱吃的东西有很多，其中最爱的就是"拉面"。什么？您说是中国人当然爱吃拉面？中餐里确实有各种各样的"面"，担担面、云吞面、炸酱面……等等，但是没有日本一般说的那种"拉面"。

我来日本后最先吃的是猪骨酱油拉面，面码儿只有叉烧肉和葱。看上去有点儿单调，但味道很醇厚，非常好吃。而且面条像乌冬面那么粗，特别实惠。

我在家还经常吃方便面。在写硕士论文的时候我成天窝在家里，多亏它们了。方便面根据地区和季节不同有各种版本，这一点也非常吸引人。

激辛ラーメン！いただきまーす

ラーメン大好き！

　みなさんの好きな食べ物は何ですか？ 私は色んな物が好きですが、中でも大好物はラーメンです。え！ 中国人だから当然だろうって？ 確かに中華料理にはたくさんの「麺もの」があります。担担麺やワンタン麺、ジャージャー麺…など。でも、日本で言うようなタイプの「ラーメン」はないのです。

　日本に来て最初に食べたのは豚骨醤油ラーメンでした。具はチャーシューとネギだけ。見た目は寂しいのですが、味は濃厚でおいしかった。麺がうどんみたいに太めなのも満足。

　家ではインスタントラーメンもよく食べます。修士論文を書いていた時は部屋にこもることが多かったので、お世話になりました。地方や季節によって色んなバージョンがあるのも魅力的ですね。

段段春風

☞ 生词

- **确实** quèshí：確かに；確かである
- **各种各样** gèzhǒnggèyàng：様々な
- **云吞面** yúntūnmiàn：ワンタン麺（"**馄饨面** húntunmiàn" とも）
- **面码儿** miànmǎr：麺類にのせる具（主に北方で使用され、やや古めかしい表現）
- **叉烧肉** chāshāoròu：チャーシュー
- **葱** cōng：長ネギ（"**大葱**" とも）
- **看上去** kànshangqu：（主に見た目について）見たところ
- **单调** dāndiào：単調でつまらない
- **醇厚** chúnhòu：（味やにおいに）厚みがある、コクがある
- **实惠** shíhuì：商品が値段の割に量が多い（得した気分になる）；実用的
- **硕士** shuòshì：修士
- **成天** chéngtiān：毎日のように、いつも；一日中
- **窝** wō：縮こまる；引きこもる
- **根据** gēnjù：～に基づいて、～によって
- **版本** bǎnběn：バージョン
- **吸引** xīyǐn：引きつける、魅了する

词语用法

(1) "特别"＝「特に」？

　　形容詞としては「特別な」を意味するが (例1)、副詞として形容詞などを修飾する時は、普通は単に「非常に」と程度を強めるだけで、「(同類の事物の中で)特に～」の意味はない (本文例2)。

例1 他这个人很普通，没什么特别的。Tā zhèi ge rén hěn pǔtōng, méi shénme tèbié de.
（彼はとても普通で、特に変わったところがない）

例2 面条像乌冬面那么粗，特别实惠。Miàntiáo xiàng wūdōngmiàn nàme cū, tèbié shíhuì.
（麺がうどんのように太くて、とってもお得）

　　日本語の「特に～」を表す場合、普通は副詞の"尤其"を用いるか、同類の事物について述べる文の直後に"特别是＋名詞"を続けて、際立たせたい事物に言及する。

例3 a. 体育运动我尤其喜欢篮球。Tǐyù yùndòng wǒ yóuqí xǐhuan lánqiú.
（スポーツの中では私は特にバスケットボールが好きだ）

　　　b. 体育运动我都喜欢，特别是篮球。Tǐyù yùndòng wǒ dōu xǐhuan, tèbié shì lánqiú.
（スポーツはどれも好きだが、特にバスケットボールが好きだ）

　　"特别"は口語でよく"特"と略す。そこで、「経済的に非常に困難な学生」を表す単語に新解釈が。

例4 你儿子也是"特困生"吧。Nǐ érzi yě shì "tèkùnshēng" ba.
（お宅の息子さんも「とっても眠い学生」ですよね）

(2) "在……＋動詞"と"動詞＋在……"の違い

　　場所を表す前置詞"在"は動詞句の前に来る場合もあれば (本文例1)、後に来る場合もある (本文例2)。例2では動詞に"着"を付ければ例1の語順に変えられるが、例1では逆転ができない。

例1 我在家还经常吃方便面。Wǒ zài jiā hái jīngcháng chī fāngbiànmiàn.
《Aタイプ》（家でよくインスタントラーメンを食べる）
→×我还经常吃在家方便面。Wǒ hái jīngcháng chī zài jiā fāngbiànmiàn.

例2 我成天窝在家里。Wǒ chéngtiān wōzài jiāli.
《Bタイプ》（毎日のように家にこもっていた）
→○我成天在家里窝着。Wǒ chéngtiān zài jiāli wōzhe.

　　AとBは"在"の使い方の2大パターン。「～で～をする」と動作の実施場所について言う場合、Aの語順しか用いられず、この場合、動詞は動的な行為を表す活動動詞が使われる（例えば例1の"吃"）。一方、「～を［が］～に～する」と動作の着点を表す場合、Bタイプしか用いられない (例3)。

例3 我把手机放在书包里了。Wǒ bǎ shǒujī fàngzài shūbāoli le.
（私は携帯電話をカバンに入れた）

また、事物や人の存在を表す場合、AもBも使える。この時、動詞には例2の"窝"（ほかに"站"、"坐"など）のような「姿勢動詞」や、"放"、"写"のようにある事物をある場所に出現させることを表す「放置動詞」（例4）のほかに、"住"も使える（例5）。Aでは姿勢動詞を使う場合、"着"が必要（例2）。

例4 在黑板上写着他的名字 zài hēibǎnshang xiězhe tā de míngzi
⇆ 他的名字写在黑板上 tā de míngzi xiězài hēibǎnshang
（黒板に彼の名前が書いてある）

例5 在外边租房住 zài wàibian zū fáng zhù ⇆ 租房住在外边 zū fáng zhùzài wàibian
（賃貸で外（＝実家以外のところ）に住む）

練習問題

括弧内の語句を使って中国語に訳しましょう。

① 乙女座の男はみんなとてもきれい好きだそうだ。（"处女男"、特別、爱）

② おじいさんの携帯電話はいつも家に置いてある。（成天、"在……＋動詞"）

段段春風

本場の中国語ワンフレーズ

青出于蓝(而)胜于蓝 青は藍より出でて藍より青し

元々は、弟子が師匠の知識や技術を逆に超えることを意味する諺。例：你现在汉语说得比老师都地道了，真是"青出于蓝胜于蓝"哪！Nǐ xiànzài Hànyǔ shuōde bǐ lǎoshī dōu dìdao le, zhēnshì "qīng chū yú lán shèng yú lán" na!（あなたの中国語は先生よりも本場らしくなったね。まさに「出藍の誉れ」だ！）また、事物の発展などに転用されることも多い。"拉面"は元々は中国発祥だが、今や日本のラーメンが、味のバリエーションや世界における知名度などで「師匠」の"拉面"を超えたのは、その一例と言えるかもしれない。

37

你 喜欢 动物园 吗?
Nǐ xǐhuan dòngwùyuán ma?

我 出演了 2014 年 上映 的 电影《魔女 宅急便》。
Wǒ chūyǎnle èr líng yī sì nián shàngyìng de diànyǐng «Mónǚ zháijíbiàn».

原作 是吉卜力 著名 的 动画片，这 次 的 电影 是 真人 版。
Yuánzuò shì Jíbǔlì zhùmíng de dònghuàpiàn, zhèi cì de diànyǐng shì zhēnrén bǎn.

主人公 琪琪 由 还 在 上 高中 的 小芝 风花 饰演。
Zhǔréngōng Qíqí yóu hái zài shàng gāozhōng de Xiǎozhī Fēnghuā shìyǎn.

整 部 电影 都 在 日本 国内 取景，但 因为 是 中日 合拍，所以 也 找到了 我。我 的 角色 是 一 个 在 动物园 照顾 小 河马 的 饲养员。拍摄 是 在 真 的 动物园 河马 馆 进行 的。当 我 穿着 长筒胶靴 走进 河马 馆 时，一 种 说不出来 的 野生 动物 的 臭味 扑面 而 来……
Zhěng bù diànyǐng dōu zài Rìběn guónèi qǔjǐng, dàn yīnwèi shì Zhōng Rì hépāi, suǒyǐ yě zhǎodàole wǒ. Wǒ de juésè shì yí ge zài dòngwùyuán zhàogù xiǎo hémǎ de sìyǎngyuán. Pāishè shì zài zhēn de dòngwùyuán hémǎ guǎn jìnxíng de. Dāng wǒ chuānzhe chángtǒngjiāoxuē zǒujìn hémǎ guǎn shí, yì zhǒng shuōbuchūlái de yěshēng dòngwù de chòuwèi pūmiàn ér lái……

很 多人 可能 认为 河马 是 一 种 温顺、行动 缓慢 的 动物，但 野生 河马 却 有着 凶猛 的 一面，真 跑起来，时速 可 达到 四十 公里 以上，有时 还 会 袭击 人类。当然 这 说 的 是 成年 河马，小 河马 则 非常 可爱。看来 无论 什么 动物，小时候 都 是 很 可爱 的 啊!
Hěn duō rén kěnéng rènwéi hémǎ shì yì zhǒng wēnshùn, xíngdòng huǎnmàn de dòngwù, dàn yěshēng hémǎ què yǒuzhe xiōngměng de yímiàn, zhēn pǎoqǐlai, shísù kě dádào sìshí gōnglǐ yǐshàng, yǒushí hái huì xíjī rénlèi. Dāngrán zhè shuō de shì chéngnián hémǎ, xiǎo hémǎ zé fēicháng kě'ài. Kànlái wúlùn shénme dòngwù, xiǎoshíhou dōu shì hěn kě'ài de a!

動物園は好きですか？

　2014年に公開された映画「魔女の宅急便」に出演しました。原作はジブリの有名なアニメ作品ですが、今回は実写版。主人公のキキは当時、現役の高校生だった、小芝風花ちゃんが演じています。

　全編、日本国内のロケですが、中国の映画会社と合作でもあるので、お声がかかりました。私の役どころは動物園で赤ちゃんカバを世話する飼育員です。ロケは本物の動物園のカバ舎で行いました。長靴をはいてカバ舎に入ると、何ともいえない野生動物の臭いがプーンと…。

　カバはおとなしくてのんびりした動物のように思えるかもしれませんが、野生のカバはどう猛な面もあって、本気になれば時速40km以上のスピードで走り、人間が襲われることもあるそうです。もちろん、これは大人のカバの話で、赤ちゃんカバはすっごくかわいい。どんな動物も小さい時はかわいいですね！

段段春風

☞ 生词

- 吉卜力 Jíbǔlì：（スタジオ）ジブリ
- 动画片 dònghuàpiàn：アニメーション
- 版 bǎn：バージョン
- 饰演 shìyǎn：（〜の役を）演じる
- 整 zhěng：（"整＋量詞"の形で）（〜の）全て；まるごと（の）
- 取景 qǔ/jǐng：ロケーション撮影を行う
- 合拍 hépāi：（映画などを）共同制作する
- 角色 juésè：役、役柄
- 照顾 zhàogù：世話をする、面倒を見る
- 拍摄 pāishè：撮影（する）
- 当 dāng：〈介詞〉〜に、〜で（"当……时"で「〜の時に」の意）
- 胶靴 jiāoxuē：ゴム靴（"胶鞋 jiāoxié"とも）
- 扑面而来 pūmiàn ér lái：（風などが）勢いよく向かってくる
- 温顺 wēnshùn：（主に動物が）従順である
- 凶猛 xiōngměng：どう猛である、凶暴である
- 袭击 xíjī：襲撃する
- 看来 kànlái：見たところ〜のようだ

この衣装で映画に出演しました！

词语用法

（1）"由＋行為主体"

前置詞"由"には「～によって」という意味で、ある動作・行為の主体を明確にするための用法がある。本文の"主人公琪琪由还在上高中的小芝风花饰演"では、「主人公のキキを演じる」という行為の主体が「まだ高校生だった小芝風花ちゃん」であることを明示している。"由"は書面語のイメージが強いが、口語ではよく副詞の"来"と共起する（例2）。

例1 中国的京剧和日本歌舞伎一样，女性角色一般由男性饰演。
Zhōngguó de jīngjù hé Rìběn gēwǔjì yíyàng, nǚxìng juésè yìbān yóu nánxìng shìyǎn.
（中国の京劇は、日本の歌舞伎と同様、女役は普通、男性によって演じられる）

例2 这件事由你来负责。
Zhèi jiàn shì yóu nǐ lái fùzé.
（この件はあなたの担当です）

（2）創出を表す"動詞＋出（来）"

方向補語"出来"は"做"（作る；やる）、"说"（言う）、"想"（考える）などの動詞に後続し、事物や情報を作り出すことを表す用法がある。本文の"一种说不出来的野生动物的臭味"では、"说不出来"の形で「（野生動物の臭いを描写する）言葉を作り出せない」ことを述べている。なお、目的語は通常"出"と"来"の間に現れる（例2）。

例1 这个问题的答案你想出来了吗？
Zhèi ge wèntí de dá'àn nǐ xiǎngchulai le ma?
（この問題の解答は考えつきましたか？）

例2 我们应该商量出一个解决办法来。
Wǒmen yīnggāi shāngliangchu yí ge jiějué bànfǎ lái.
（我々は（相談して）解決法を編み出すべきだ）

また、書面語や目的語の音節数が多い場合、しばしば"来"を省略する。

例3 最近工作太忙，挤不出买东西的时间。
Zuìjìn gōngzuò tài máng, jǐbuchū mǎi dōngxi de shíjiān.
（最近仕事が忙しくて、買い物する時間を作り出せない）

例4 A：我想出一个主意。Wǒ xiǎngchū yí ge zhúyi.
（一つ提案があります（＝私はアイディアを一つ考え出した））

B：请讲。Qǐng jiǎng.
（どうぞおっしゃってください）

練習問題

括弧内の語句を使って中国語に訳しましょう。

① このアニメは日韓の共同製作だ。(动画片、由、合拍)

② 見たところ、彼はもう新しいものを書くことができないようだ。(看来、"動詞＋出(来)")

本場の中国語ワンフレーズ

牛！ すごい！

俗に「すごい；やり手」という意味で、元は中国北方方言のスラングだが、今はインターネットの普及につれて全国で広く使用されている。一説では、"牛 niú"と発音の似ている"拗 niù"（頑固である、片意地を張る）が語源らしい。例：你太牛了！我服了！Nǐ tài niú le! Wǒ fú le!（あなたはすごいね！あなたにはかなわない！）

また、"牛人 niúrén"（すごい人；達人）、"牛市 niúshì"（強気相場）、"史上最牛 shǐshàng zuì niú"（史上最強）などの新語や流行語もたくさん存在する。反対の意味で"熊 xióng"（ふがいない、意気地がない）という俗語もあるが、主に"熊市 xióngshì"（弱気相場）、"熊孩子 xióng háizi"（嫌なガキ）などの固定表現に見られ、単独で使用することは少ない。

中国文化コラム

動物が表すイメージは？

　みなさんは、牛に関してどういうイメージを持っていますか？　日本では、乳牛の持つ「穏やか」「のんびり」などといったイメージを連想される方が多いかもしれません。一方、農耕の歴史が長い中国では、牛と言えば身近にいる耕牛を指すことが多く、「愚直」「勤勉」といったイメージが定着しました。"牛奋男 niúfènnán"（コツコツ家族のために頑張る男）という言葉が生まれた背景には、こうした見方があると言えます。

　このように、動物の属性に着目して中国語を勉強すると、色々と見えてくることがあります。もう一つ、身近にいる動物で例を挙げましょう。犬は中国語で"狗"です。日本では、忠犬ハチ公に代表されるように、「従順」「忠実」といったポジティブな印象がありますね。逆に中国では、"走狗 zǒugǒu"（悪の手先）という言葉があるように、善悪を考えず、主人の指示に忠実に従う、というイメージから、ネガティブな意味につながったようです。身近な動物に着目して中国語の表現を学んでみるのも面白いですね。

段段夏空

第11课 六月新娘
Liù yuè xīnniáng

　　日本六月办婚礼的人特别集中。偶尔也会在街上看到身穿洁白婚纱的新娘，真是太美了！我尤其喜欢看新娘身穿日式"白无垢"的样子。

　　但让我感到不解的是参加婚礼的亲戚们穿的衣服。为什么净穿黑的呢？简直像葬礼一样。婚礼是喜事，所以在中国，红色、黄色等颜色鲜艳的衣服比较合适。不只新娘，参加婚礼的亲友也会穿着色彩明亮的衣服一起来庆祝。

　　在中国，大多数女孩子都会在大约二十五岁以前结婚。过了二十八岁左右就开始有些着急了，身边的人也会劝我们说"快结婚吧"。我的朋友很多都结婚了，甚至有的已经当爸爸妈妈了。日本人结婚的年龄好像要大一些。我也好想有一天能穿上婚纱啊。

ジューンブライド

　日本では６月に結婚式が集中しますね。時々、街で真っ白なウェディングドレスに身を包んだ花嫁さんを見かけることがありますが、本当にきれい。特に和風の「白無垢」姿が好きです。

　でも、不思議なのは結婚式に参列する親族の服装。なぜ黒い服ばかり着ているの？　まるでお葬式みたい。結婚式はめでたいお祝いごとですから、中国では赤や黄色など、明るい色の衣装が好まれます。花嫁さんだけでなく、参列者もみんな明るい衣装で一緒にお祝いしますよ。

　ちなみに、中国の女性の多くは 25 歳ぐらいまでには結婚します。28 歳頃を過ぎると少し焦るようになって、周りの人たちも「早く結婚しなさい」と勧めます。私の友だちも多くは結婚して、子どもがいる人もいます。日本では結婚する年齢がもう少し高いようですね。私もいつかウェディングドレスを着てみたいなあ。

段段　夏空

☞ 生词

- 偶尔 ǒu'ěr：たまに、まれに
- 身穿 shēnchuān：着ている
- 洁白 jiébái：真っ白い、純白の
- 婚纱 hūnshā：ウェディングドレス
- 尤其 yóuqí：特に
- 样子 yàngzi：格好、形
- 不解 bùjiě：理解できない
- 简直 jiǎnzhí：まるで
- 喜事 xǐshì：めでたいこと、祝いごと
- 鲜艳 xiānyàn：色鮮やか
- 不只 bùzhǐ：〜だけでなく
- 亲友 qīnyǒu：親族と友人
- 明亮 míngliàng：明るい
- 身边 shēnbiān：身の回り
- 劝 quàn：勧告する、忠告する；説得する

私の白い恋人はどこでしょう？？

词语用法

（1）全て・全体をくくる "都"

"都"は「いずれも、みんな」という意味の副詞で、「複数の事物の全て」や「一つの事物の全体」に文の述語が表す状況が該当することを表す。例えば、本文の"大多数女孩子都会在大约二十五岁以前结婚"では「大部分の女性」という複数の事物をくくり、全て「25歳までに結婚する」という状況に該当すると述べている。例1は「一つの事物全体」について述べる用例。

例1 那个西瓜你一个人都吃了？Nèi ge xīguā nǐ yí ge rén dōu chī le?
（あのスイカはあなた一人で全部食べたの？）

"都"は語順上、前に来るものだけをくくるので、目的語は普通、前に移動させた上でくくる（例3）。

例2 我和他都喜欢喝啤酒。Wǒ hé tā dōu xǐhuan hē píjiǔ.
《主語をくくる》（私と彼は二人ともビールが好きだ）

例3 ×他都喜欢喝啤酒和红酒。Tā dōu xǐhuan hē píjiǔ hé hóngjiǔ.
→○啤酒和红酒他都喜欢喝。Píjiǔ hé hóngjiǔ tā dōu xǐhuan hē.
《目的語をくくる》（彼はビールも赤ワインも両方とも好きだ）

時に、対応する和訳に「みな、いずれも」がなくても"都"が必要となる点に注意。これは、副詞"都"が前方の「全て、全体」を意味する名詞にほぼ必須とも言えるサポート役であるため（例4）。また、上で見た本文中の例のように、必須ではないが「大部分の、多くの」という意味の名詞のサポート役でもある。

例4 ×大家来了。Dàjiā lái le. →○大家都来了。Dàjiā dōu lái le.（みんな来た）

例5 ×他几乎所有国家去过。Tā jīhū suǒyǒu guójiā qùguo.
→○他几乎所有国家都去过。Tā jīhū suǒyǒu guójiā dōu qùguo.
（彼はほとんど（全部）の国に行った）

（2）社会的「役」を割り当てる "当＋職業名・親族関係など"

"当"には「〜を担当する、〜になる」という用法があり、人にある社会的「役」が割り当てられることを表す（例：他当老师[医生/歌手]了）。親族関係も広義的には一種の社会的「役」なので、本文の"当爸爸妈妈了"のほか、"当姐姐[叔叔/爷爷]了"なども言える。以下は懐妊祝いの決まり文句。

例1 听说你要当爸爸了！恭喜啊！Tīngshuō nǐ yào dāng bàba le! Gōngxǐ a!
（もうすぐお父さんになるんだってね！ おめでとう！）

ただし、社会的「役」とは、ある種の社会的役割を果たし、社会的責任を負うものでなければならない（例2、例3）。

例2 他去年当教授 [×大学生] 了。Tā qùnián dāng jiàoshòu [×dàxuéshēng] le.
（彼は去年教授 [×大学生] になった）

例3 她当部门经理 [×职员] 了。Tā dāng bùmén jīnglǐ [×zhíyuán] le.
（彼女は部門の責任者 [×職員] になった）

また、「～として働く [振る舞う]」の意味で、職業などの「役」を一定時間続けることも表せる。

例4 他当过三年的人事部部长。Tā dāngguo sān nián de rénshì bù bùzhǎng.
（彼は人事部長を3年間務めた）

練習問題

括弧内の語句を使って中国語に訳しましょう。

① 我々二人だけではなく、今はみんな彼女が入籍したことを知っている。（不只、都、领证儿）

② あなたの周りには通訳（を務める人）がいますか？（身边、当）

本場の中国語ワンフレーズ

个人问题　個人問題

　「結婚のこと」を指す婉曲な言い方。今の中国では特に女性は20代中頃を過ぎると、両親や親戚、友人から婚活を催促される。一方、20世紀初頭から提唱されてきた"婚姻、恋爱自由"の影響から、結婚は他人が口を出すべきでないその人「個人の自由」という考え方が正しいと一般に認められている。この建前上の「婚姻自由への尊重」と、根強い「取り決め婚」の伝統の拮抗から生まれたのが"个人问题"という言葉。実際、周囲からの「個人問題責め」をかわそうと、偽の彼氏や彼女を家族に紹介する人が多くいる。例：个人问题解决得怎么样了？——啊……还行。Gèrén wèntí jiějuéde zěnmeyàng le?——Ā……hái xíng.（「個人問題」の解決、順調？——はっ、はい…何とか）

第12课 垃圾 分类
Lājī fēnlèi

来到 日本 以后，我 最 不 习惯 的 一 件 事 就 是 垃圾
Láidào Rìběn yǐhòu, wǒ zuì bù xíguàn de yí jiàn shì jiù shì lājī

分类。我 住 的 东京 新宿 区，分为 可燃 垃圾、不可燃 垃圾、
fēnlèi. Wǒ zhù de Dōngjīng Xīnsù qū, fēnwéi kěrán lājī, bùkěrán lājī,

塑料瓶、金属 和 陶瓷 制品、资源（废纸）等等，星期 几 扔
sùliàopíng, jīnshǔ hé táocí zhìpǐn, zīyuán (fèizhǐ) děngděng, xīngqī jǐ rēng

什么 垃圾 也 都 是 定好 的。而且，不 同 的 区，扔 垃圾 的
shénme lājī yě dōu shì dìnghǎo de. Érqiě, bù tóng de qū, rēng lājī de

日子 也 各 不 相同！（我 来 日本 六 年，搬了 三 次 家。）
rìzi yě gè bù xiāngtóng! (Wǒ lái Rìběn liù nián, bānle sān cì jiā.)

所以 直到 今天，有时 还是 会 搞不清——"这 个 到底 算
Suǒyǐ zhídào jīntiān, yǒushí háishi huì gǎobuqīng—"Zhèi ge dàodǐ suàn

什么 垃圾？星期 几 扔 才 好 呢？"日本 怎么 这么 细致
shénme lājī? Xīngqī jǐ rēng cái hǎo ne?" Rìběn zěnme zhème xìzhì

啊……
a……

在 中国，城市里 垃圾 也 分类。不过 只 有 可燃物、
Zài Zhōngguó, chéngshìlǐ lājī yě fēnlèi. Búguò zhǐ yǒu kěránwù,

不可燃物、可回收 利用物（塑料瓶 什么的）这 几 类。而且
bùkěránwù, kěhuíshōu lìyòngwù (sùliàopíng shénmede) zhèi jǐ lèi. Érqiě

有些人 不 遵守 规定，所以 在 多大 程度上 真正 做到 了，
yǒuxiērén bù zūnshǒu guīdìng, suǒyǐ zài duō dà chéngdùshang zhēnzhèng zuòdào le,

就 不得而知 了。对 了，前不久 我 刚 搬家 了，现在 屋子里
jiù bùdé'érzhī le. Duì le, qiánbùjiǔ wǒ gāng bānjiā le, xiànzài wūzili

纸箱子 堆成了 山。唉……什么 时候 才 能 收拾干净 啊！！
zhǐxiāngzi duīchéngle shān. Ài…… shénme shíhou cái néng shōushigānjìng a!!

ゴミの分別

　日本に来て慣れるのに大変だったことの一つがゴミの分別です。私が住んでいる東京の新宿区では、可燃ゴミ、不燃ゴミ、ペットボトル、金属・陶器、資源（古紙）…などに分け、どの曜日にどのゴミを捨てるかが決まっています。しかも、区によって出す曜日が違うんです！（日本に来てからの6年間に3回も引っ越ししましたからね。）

　ですから、今も「いったいこれはどのゴミ？ 何曜日に出せばいいの？」と、よくわからないことがあります。なんで日本はこんなに細かいの…。

　中国でも、都市ではゴミは分別して捨てます。でも、燃えるもの、燃えないもの、リサイクルできるもの（ペットボトルとか）ぐらいですね。中にはルールを守らない人もいるので、どれほど徹底しているかは、よくわかりません。実は、この前引っ越ししたばかりで、部屋の中はダンボールの山。あーあ、いつになったらきれいに片付くのでしょう！

段段夏空

☞ 生词

- 塑料 sùliào：プラスチック
- 扔 rēng：捨てる；投げる
- 定好 dìnghǎo：決めてある、決まっている
- 日子 rìzi：日；日取り
- 而且 érqiě：しかも
- 各不相同 gè bù xiāngtóng：それぞれ違う
- 直到 zhídào：(ある時点・状態・程度)になるまで〜；〜になって(なお)〜
- 搞不清 gǎobuqīng：はっきりさせられない、はっきりわからない
- 到底 dàodǐ：いったい
- 算 suàn：〜と見なす、〜と言える
- 细致 xìzhì：念の入った、細かい
- 回收 huíshōu：リサイクルする
- 什么的 shénmede：〜とか、〜などなど
- 遵守 zūnshǒu：(決まりを)守る
- 做到 zuòdào：やり遂げる、実行する
- 不得而知 bùdé'érzhī：〈成〉知るよしもない
- 堆 duī：積む、積み上げる
- 收拾 shōushi：片付ける、整理整頓をする

みなさんの町では、ゴミはどう分別しますか？

词语用法

（1）"A＋動詞＋成/为＋B"

主に次の2つの用法がある。"成"は口語的で、"为"は主に書面語で用いる。

ⅰ．「Aが～してBになる」（Aの実際の形がBになる）

例1 纸箱子堆成了山。Zhǐxiāngzi duīchéngle shān.
（ダンボールが積み上がって山（のよう）になった）

ⅱ．「AについてBと～する」（Aを認識する方式がBになる）

例2 分为可燃垃圾、不可燃……Fēnwéi kěrán lājī, bùkěrán……
（（ゴミについて）可燃、不可燃…と分ける）

"把＋A＋動詞＋成/为＋B"の形で、「Aを～してBに変える」や「AをBと～する [見なす]」といった他動的な意味を表すこともできる（例3、例4）。

例3 把英语译成[译为]日语。Bǎ Yīngyǔ yìchéng [yì wéi] Rìyǔ.
《ⅰの用法》（英語を日本語に訳した）

例4 把英语看成[看为]一种工具。Bǎ Yīngyǔ kànchéng [kàn wéi] yì zhǒng gōngjù.
《ⅱの用法》（英語を一種の道具と見なす）

"……为"は"……成"よりも、抽象的事態との相性がよく、主に認識方式に関わる「ⅱの用法」に用いられる。「ⅰの用法」に用いる場合、例3のような「抽象的事物」の形式変化を表す場合に限られ、"×纸箱子堆为了山"のような「具体的な形を持つ事物」の形態変化には用い難い。

（2）"疑問詞＋才……"

"才"は「～して初めて～」の意で、ある事態の実現のための必要条件を示す（例1）。転じて、実現までに「手間暇がかかる」さまを表すこともできる（例2）。

例1 长辈坐下了，晚辈才能坐。Zhǎngbèi zuòxia le, wǎnbèi cái néng zuò.
（年上の方が腰掛けてから、初めて年下の人が座っていい）

例2 这本书我一年才读完。Zhèi běn shū wǒ yì nián cái dúwán.
（この本は、私は1年もかけてようやく読み終えた）

"疑問詞＋才……"は、本文の"什么时候才能收拾干净啊"（いったいいつになったらきれいに片付くの）や"要说多少遍你才懂啊"（何遍言ったらわかるの）のように、不満をあらわにする場面で用いられ（例3aとbを比較）、しばしば慨嘆を表す語気助詞の"啊"と共起する。

例3 a. 这个花瓶你多少钱卖？Zhèi ge huāpíng nǐ duōshao qián mài?
（この花瓶はいくらで売っているの？）

b. 这个花瓶你多少钱才卖啊？Zhèi ge huāpíng nǐ duōshao qián cái mài a?
　　　（この花瓶はいったいいくら出したら売ってくれるんだよ）

また、以下のように、途方に暮れた気持ちを表す場面においても用いられる。

例5　A: 护照找不到了！怎么办才好啊？
　　　Hùzhào zhǎobudào le! Zěnme bàn cái hǎo a?
　　　（パスポートが見つからない！どうしよう）
　　B: 别着急，先去问问服务台。Bié zháojí, xiān qù wènwen fúwùtái.
　　　（慌てないで。まずサービスカウンターに聞いてみよう）

練習問題

括弧内の語句を使って中国語に訳しましょう。

① ゴミを何種類に分けるべきかはっきりとわからない。（搞不清、"動詞＋成/为"）

② いったいどうすれば彼を満足させられるの？（到底、"疑問詞＋才……"）

本場の中国語ワンフレーズ

环保　エコロジー

　元々は"环境保护 huánjìng bǎohù"（環境保護）の略で、今や「エコロジー」や「環境に優しい」などの意味で、環境保護に関わる色々な場面で使われる。例えば、"环保袋 huánbǎo dài"（エコバッグ）、"节能环保车 jiénéng huánbǎo chē"（エコカー）、"环保蔬菜 huánbǎo shūcài"（無農薬野菜）など。最近は、名詞のほかに、"你真环保。Nǐ zhēn huánbǎo."（環境意識が高いね）などのように形容詞として単独で使われることも多い。また、以下のように「もったいない」の意味で"不环保"と言うこともできる。例：剩了这么多菜，太不环保了。咱们打包带走吧。Shèngle zhème duō cài, tài bù huánbǎo le. Zánmen dǎbāo dàizǒu ba.（こんなにたくさんの料理を残しちゃって、もったいないよ。包んで持って帰ろう）

第13课 富士山
Fùshìshān

祝贺 富士山 被 列入 世界 文化 遗产！不过，其实 我 有些
惊讶——"啊？富士山 以前 不 是 世界 遗产 啊？"不只 是 我，
我 身边 久 居 日本 的 外国人 也 都 这么 说，还 以为 早就
是 了 呢。

第 一 次 看到 富士山，是 在 着陆 前 的 飞机上。虽然 在
电视 和 照片上 看到过 很 多 次，但 从 上方 俯瞰 还 是
第 一 次，所以 感觉 有点 微妙。在 东京，有 很 多 地方 都
叫 "富士见" 这 个 名字，从 这 点 也 可以 看出 日本人 对
富士山 爱得 有 多 深 了 吧。

中国 也 有 很 多 世界 遗产 哦。我 去过 的 有 长城、
北京 故宫、颐和园、山东 的 泰山 等等。其中，泰山 是 文化
和 自然 复合型 遗产，真 希望 美丽 的 富士山 有 一 天 也
能 被 认定 为 复合型 遗产。

富士山

　富士山が世界文化遺産に登録されましたね。おめでとうございます！　でも、実はびっくりでした。「えっ、富士山ってまだ世界遺産じゃなかったの！」。これは私だけでなく、私の周りの日本に長く住んでいる外国人も同じ意見です。とっくに世界遺産になっていると思っていました。

　最初に富士山を見たのは、日本に着く直前の飛行機の上からです。写真やテレビで何度も見ていたのですが、上から見る姿は初めてだったので、ちょっと微妙な感じでした。東京では色々なところに「富士見」という名前の場所があって、いかに日本人が富士山を愛しているかがわかりますね。

　中国にも世界遺産はたくさんありますよ。私が行ったことがあるのは、万里の長城、北京の故宮、頤和園、山東省の泰山…など。このうち、泰山は文化と自然の両方を備えた複合遺産です。自然がきれいな富士山もいつか、複合遺産になってほしいですね。

段段夏空

生词

- 祝贺 zhùhè：祝う；（"祝贺＋個人・団体……"の形で）～おめでとう
- 列入 lièrù：（～の中に）並べる、入れる
- 其实 qíshí：実は、実のところ
- 久居 jiǔ jū：長い時間～にいる
- 以为 yǐwéi：（主に事実と合わない思い込みに用いて）～と思っていたが
- 早就 zǎojiù：とっくに
- 俯瞰 fǔkàn：見下ろす
- 第一次 dìyīcì：初めて（の）
- 希望 xīwàng：希望する、望む；～してほしい
- 有一天 yǒuyìtiān：いつか；ある日
- 认定 rèndìng：認定する、定める

うっすらと富士山が見えますよ～

词语用法

（1）事実・正体の判明を表す"知覚動詞＋出（来）"

"看"、"听"、"吃"、"尝"（味見する）、"闻"（嗅ぐ）、"摸"（触る）、"感觉"（感じる）など外部世界を感知することを表す「知覚動詞」に"出（来）"が後続し、「～して～がわかる」という意味で、知覚活動を通して事実や事物の正体が判明することを表す。本文の"从这点也可以看出日本人对富士山爱得有多深了"では、「富士見」という地名が多いという事実を通して、日本人の富士山に対する愛情の深さがわかると述べている。"動詞＋出"は主に書面語で用いられる。

例1 我一下儿就听出（来）是张雨了。Wǒ yíxiàr jiù tīngchu(lai) shì Zhāng Yǔ le.
（(声を)聞いてすぐ張雨さんだとわかった）

例2 你吃出（来）这道菜里放什么了吗？Nǐ chīchu(lai) zhèi dào càili fàng shénme le ma?
（この料理に何を入れたか、食べてわかった？）

知覚動詞のほか、"出（来）"は"认"（識別する）、"分"（区別する）など、それ自体「正体の判明」を含意する動詞にも後続し、「正体を識別・区別できた」ことを表す。

例3 他认出了小周，但装作没看见。Tā rènchule Xiǎo Zhōu, dàn zhuāngzuò méi kànjiàn.
（彼は周さんだとわかったが、見て見ないふりをした）

特に、"動詞＋不／得＋出（来）"という可能補語の形で用いることが大変多い。

例4 A: 我今年都快六十了。Wǒ jīnnián dōu kuài liùshí le.（今年で還暦だよ）
B: 真的!? 真看不出来! Zhēn de!? Zhēn kànbuchūlái!
（本当ですか!? 見えませんね!）

（2）程度や分量を問う"多＋形容詞"

「どのくらい～か」の意で、形容詞の表す性質の程度や分量について尋ねる。"有"を加え"有多……"とも言い、口語では"多"はよく二声で発音される。本文の"爱得有多深"は「どのくらい深く愛しているか」と愛情の深さを尋ねている。意味の定着した"多少"以外、通常は「プラス方向」の形容詞が使われる（例1）。

例1 他○多高 [×多矮]? Tā ○duō gāo [×duō ǎi]?（彼の身長はどれくらい？）

例2 长江有○多长 [×多短]? Chángjiāng yǒu ○duō cháng [×duō duǎn]?
（揚子江の長さはどれくらい？）

例1の文はあくまで「客観的な分量」を尋ねている。つまり、例えば"他多高"に"高"が使われるが、「彼はどちらかと言えば背が高い方だ」という先入観は持たない（例3）。

例3　A：**拿破仑很矮**。Nápòlún hěn ǎi.（ナポレオンは背が低いよ）
　　　B：**(有) 多高?**　(Yǒu) Duō gāo?（身長どれくらい？）

　一方、例えば「(背が低いと言うが) じゃあどのくらい低いの？」のように、ある先入的判断に基づいた上で具体的に程度を尋ねる場合は、「マイナス方向」の形容詞も使える。この場合、"多……"よりも"有多……"の方が自然であり、"有多矮?"（どれくらい低いの？）のようになる。

練習問題

括弧内の語句を使って中国語に訳しましょう。

① あなたが彼女が好きだというのはとっくにわかってたよ。（早就、"……出来"）

② 実は、私も彼と知り合ってどのくらいになるか覚えていない。（其实、"多……"、认识、不记得）

本場の中国語ワンフレーズ

山不在高，有仙则名　山（の価値）は高さにあらず、仙人さえいれば名山

　元は唐の詩人 劉禹錫の詩の一句。泰山は標高が1545ｍで決して高くないが、仙人こそいないものの、文化財や古跡が多いことから名山とされている。この一句は、次の句の"水不在深，有龙则灵。Shuǐ bú zài shēn, yǒu lóng zé líng."（海や川は深さではなく、龍がいれば神々しい）と一緒に使われることも多く、「モノの真の価値は見た目よりも中身」という喩えの意味で用いられる。日常会話では"分儿不在高，及格就行。Fēr bú zài gāo, jígé jiù xíng."（点数が高くても仕方がない、合格すればいい）のように、"……不在……，……就行"の文型を用いて面白い「替え"詩"」にすることも多い。では、この文型を使って「店は大きくても仕方がない、おいしければよい」と中国語で詠ってみると？
（⇒参考解答はp. 175）

段段夏空

卡拉OK
KǎlāOK

前 几 天 我 跟 汉语 学校 的 学生们 一起 去 唱
Qián jǐ tiān wǒ gēn Hànyǔ xuéxiào de xuéshengmen yìqǐ qù chàng

卡拉OK 了。日本 的 卡拉OK 里 也 有 很 多 中国 歌。另外，
kǎlāOK le. Rìběn de kǎlāOKli yě yǒu hěn duō Zhōngguó gē. Lìngwài,

还 有 邓 丽君 的《我 只 在乎 你》呀、岛谷 瞳 的《月光》
hái yǒu Dèng Lìjūn de «Wǒ zhǐ zàihu nǐ» ya, Dǎogǔ Tóng de «Yuèguāng»

等 日文 歌曲 的 中文 翻唱 版。
děng Rìwén gēqǔ de Zhōngwén fānchàng bǎn.

当然，中国 也 有 KTV，大家 也 都 知道 卡拉OK 是 从
Dāngrán, Zhōngguó yě yǒu KTV, dàjiā yě dōu zhīdao kǎlāOK shì cóng

日本 发源 的。跟 家人、朋友 和 恋人 一起 享受 唱 歌 的
Rìběn fāyuán de. Gēn jiārén, péngyou hé liànrén yìqǐ xiǎngshòu chàng gē de

乐趣，这 和 日本 是 一样 的。不 同 的 是，在 中国 大家 会
lèqù, zhè hé Rìběn shì yíyàng de. Bù tóng de shì, zài Zhōngguó dàjiā huì

很"嗨"地 边 闹 边 唱，在 日本 则 更 多 是 静静 地 聆听。
hěn "hāi" de biān nào biān chàng, zài Rìběn zé gèng duō shì jìngjìng de língtīng.

我 来 日本 刚 半 年 的 时候，日语 说得 还 不 好，就 唱了
Wǒ lái Rìběn gāng bàn nián de shíhou, Rìyǔ shuōde hái bù hǎo, jiù chàngle

《哆啦A梦》的 主题歌。在 众人 安静 的 注视下 唱"心中
«Duō lā A mèng» de zhǔtígē. Zài zhòngrén ānjìng de zhùshìxià chàng "Xīnzhōng

有 许多 愿望，能够 实现 有 多 棒"，还 真 有点儿 不
yǒu xǔduō yuànwàng, nénggòu shíxiàn yǒu duō bàng", hái zhēn yǒudiǎnr bù

好意思。
hǎoyìsi.

上 次 我 唱了 Kiroro 的《后来》，我 最初 是 喜欢 它 的
Shàng cì wǒ chàngle Kiroro de «Hòulái», wǒ zuìchū shì xǐhuan tā de

中文 版，现在 这 是 我 最 喜欢 的 歌 之 一。
Zhōngwén bǎn, xiànzài zhè shì wǒ zuì xǐhuan de gē zhī yī.

カラオケ

　先日、中国語教室の生徒さんたちと一緒にカラオケに行きました。日本のカラオケにも中国の歌はたくさん入っていますね。ほかにも、テレサ・テンの「時の流れに身をまかせ」や、島谷ひとみさんの「亜麻色の髪の乙女」などは、中国語のカバーバージョンもありますよ。

　もちろん中国にもカラオケ店はあります。カラオケが日本から始まったこともみんな知っています。家族や友だち、恋人と一緒に歌を楽しむのは、日本と同じですね。違うのは、中国ではわいわい騒いで歌うのに、日本ではどちらかと言うとみんな静かに聞くところです。日本に来て半年の頃、まだ日本語が下手だったので、「ドラえもん」のテーマソングを歌いました。「こんなこといいな、できたらいいな」。みんなが静かに注目する中で歌うのは、ちょっと恥ずかしかった。

　この前歌ったのは Kiroro の「未来へ」。元々中国語バージョンが好きで、お気に入りの歌の一つです。

段段夏空

☞ 生词

- 在乎 zàihu：気にかける、気になる
- 翻唱 fānchàng：（歌を）カバーする
- KTV：カラオケ店
- 发源 fāyuán：〜より起こる、〜に発祥する
- 乐趣 lèqù：楽しみ
- 嗨 hāi：〈新〉テンションが高い、盛り上がる（英語の high の当て字）
- 闹 nào：騒ぐ
- 更多 gèng duō：〜の方が多い（"更多是……" の形で「どちらかと言えば」）
- 聆听 língtīng：〈書〉拝聴する、聴く
- 众人 zhòngrén：〈書〉大勢の人、みんな
- 注视 zhùshì：注目する、見つめる
- 愿望 yuànwàng：願い、望み
- 能够 nénggòu：〈書〉〜できる（一般に単音節動詞は後続できない）
- 棒 bàng：すばらしい、優れている

カラオケで熱唱中〜♬

57

词语用法

(1) 事物の列挙を表す "啊" とその変化形

「～や～や～など」と事物を列挙してゆく際、"……啊……啊……等 [什么的 / 之类的]"のように表現することができる。"啊"は直前の音節の末尾音との連音で発音（および漢字の表記）が様々に変化する（例1）。本文の"《我只在乎你》呀、岛谷瞳的《月光》等"では、"你"の末尾音が i なので、"啊"は連音で"呀 ya"になっている。

> **例1** 你＋啊 nǐ+a → 你呀 nǐ ya
> 狗＋啊 gǒu+a → 狗哇 gǒu wa
> 男人＋啊 nánrén+a → 男人哪 nánrén na

例1のルールは絶対的ではなく、原則としてよほど発音しにくくなければよい（例：○狗啊、○男人呀、×你哇）。また、"A 啊 B 啊的"の形で、A、Bをあるカテゴリーの事物の代表格として挙げ、その種類全体を代表し表す用法もある（下例の"你"、"我"は「水くさい言葉」の代表格として用いられている）。

> **例2** A: 我尝（一）口你的，行吗？Wǒ cháng (yì) kǒu nǐ de, xíng ma?
> （あなたのを一口もらっていい？）
> B: 什么你呀我呀的，一块儿吃吧。Shénme nǐ ya wǒ ya de, yíkuàir chī ba.
> （あなたや私だなんて（水くさいわ）、一緒に食べよう）

(2) 感嘆表現 "多＋形容詞"

"多＋形容詞"は本来疑問を表すが（⇒第13課）、「なんて [どんなに] ～だろう」という意味で感嘆を表す用法もある。この用法では"多"は"多么（地）"ともなるが、後者は主に書面語で用いられる。また、同じ感嘆表現の"真……"や"太……了"に比べ、"多……"はより聞き手を意識し、独り言よりも他人に言い聞かせる場面で使用される。

> **例1** 天气多好啊！咱们出去遛遛吧。Tiānqì duō hǎo a! Zánmen chūqu liùliu ba.
> （なんていい天気！ 外に散歩でも行こうよ）
> **例2** 你看，他跑得多快啊！Nǐ kàn, tā pǎode duō kuài a!
> （ほら見て！ 彼の走りはなんという速さだ）

特に、本文の"能够实现有多棒"（(夢が) 実現できたらなんとすばらしいことか）のように、よく仮定表現に用いられる。この場合、"该(有)多"の形式をとることも多い。

> **例3** 我要是会弹钢琴该(有)多好。Wǒ yàoshi huì tán gāngqín gāi (yǒu) duō hǎo.
> （ピアノが弾けたらなあ）

練習問題

括弧内の語句を使って中国語に訳しましょう。

① お金や権力や名声など、彼は全く気にしない。(列挙の"啊"、权力、在乎)

② 彼がいたら、どれだけ盛り上がったことだろう。("多＋形容詞"、嗨)

本場の中国語ワンフレーズ

麦霸　マイク独占者

　"麦"は"麦克风 màikèfēng"(「マイク」の当て字)の略で、"霸 bà"は「占領する(人)」を表す。中国のカラオケでは、一人による歌の連続入力はややKYではあるが、日本ほどの御法度ではない。そのため、マイクを長時間独占する"麦霸"はたまにいる。その代わり、"插歌儿 chā gēr"(割り込み転送)も比較的普通に行われている。"麦霸"は字面で見ると横柄なイメージさえあるが、親しい仲なら冗談交じりに以下のように使っても、普通は相手に怒られることはない。例：这家伙是个麦霸，咱们赶紧插歌儿! Zhèi jiāhuo shì ge màibà, zánmen gǎnjǐn chā gēr! (こいつはマイクを離さないぞ。我々はどんどん割り込み転送で歌を入れよう)

第15课 浪漫的七夕
Làngmàn de qīxī

日本 的 七夕 是 七 月 七 号（听说 有的 地方 是 八 月
Rìběn de qīxī shì qī yuè qī hào (tīngshuō yǒude dìfang shì bā yuè

七 号）。当然，七夕 的 传说 和 风俗 诞生 于 中国，所以
qī hào). Dāngrán, qīxī de chuánshuō hé fēngsú dànshēng yú Zhōngguó, suǒyǐ

中国 也 有，不过 是 在 阴历 的 七 月 初 七。在 这 个 浪漫
Zhōngguó yě yǒu, búguò shì zài yīnlì de qī yuè chū qī. Zài zhèi ge làngmàn

的 夜晚，"牛郎" 和 "织女" 一 年 一 度 彼此 相见。这 在
de yèwǎn, "niúláng" hé "zhīnǚ" yì nián yí dù bǐcǐ xiāngjiàn. Zhè zài

日本 也 是 一样 的。
Rìběn yě shì yíyàng de.

最近 在 中国，像 "七夕，送给 心爱 的 人 一 份 礼物
Zuìjìn zài Zhōngguó, xiàng "Qīxī, sònggěi xīnài de rén yí fèn lǐwù

吧" 这样 的 广告 越 来 越 多，好像 夏季 版的 情人 节
ba" zhèyàng de guǎnggào yuè lái yuè duō, hǎoxiàng xiàjì bǎn de Qíngrén Jié

一样。
yíyàng.

原本 七夕 是 女性 为 自己 祈愿，希望 缝纫 等 女工
Yuánběn qīxī shì nǚxìng wèi zìjǐ qíyuàn, xīwàng féngrèn děng nǚgōng

手艺 能 越 来 越 好 的 日子。在 日本，无论 大人 还是 孩子，
shǒuyì néng yuè lái yuè hǎo de rìzi. Zài Rìběn, wúlùn dàren háishi háizi,

都 会 把 写着 自己 心愿 的 诗笺（祈愿 用 的 长 纸条）绑在
dōu huì bǎ xiězhe zìjǐ xīnyuàn de shījiān (qíyuàn yòng de cháng zhǐtiáo) bǎngzài

细竹上 祈愿。在 中国 我
xìzhúshang qíyuàn. Zài Zhōngguó wǒ

没 这么 做过。
méi zhème zuòguo.

七夕の時期、お店にはこんな広告がありますよ

ロマンチックな七夕

　日本では七夕は7月7日です（8月7日のところもあるそうですね）。七夕は中国で生まれた伝説と風習ですから、もちろん中国にもありますが、旧暦の7月7日にお祝いします。牽牛と織姫が一年に1回出逢うというロマンチックな夜。これは日本も一緒ですね。

　最近、中国では、「七夕に好きな相手に何かプレゼントを渡そう」という広告が増えてきました。夏のバレンタインデーのような感じですね。

　元々は、女性が裁縫などの習い事が上手になるようにお祈りする日です。日本では子どもも大人も、自分の願い事を書いた短冊を笹に付けてお祈りしますが、私は中国でやったことはありません。

段段夏空

☞ 生词

- 浪漫 làngmàn：ロマンチックである
- 传说 chuánshuō：伝説、言い伝え
- 彼此 bǐcǐ：双方、互いに
- 相见 xiāngjiàn：会う、顔を合わせる
- 心爱 xīn'ài：心から愛する、大切な
- 原本 yuánběn：本来、元々
- 缝纫 féngrèn：裁縫
- 女工 nǚgōng：（針仕事・機織りなど）女性のする仕事（"**女红** nǚhóng" とも）
- 手艺 shǒuyì：技術、腕前
- 心愿 xīnyuàn：願い
- 诗笺 shījiān：短冊
- 祈愿 qíyuàn：祈る、願う
- 绑 bǎng：（縄や紐などで）くくりつける、巻きつける

词语用法

(1) 場所・時間に関わる "動詞＋在……" と "動詞＋于……"

"在" と "于" はいずれも本来「～にある [いる]」という存在の意味を表す。"在/于" は "出生"、"死"、"发生" など「出現・消失」を表す動詞に後接し、「出現・消失」の場所（本文例 1）や時間（例 2）を表す。"于" は書面語で使うことが多く、"在" はより口語的。

例1 七夕的传说和风俗诞生于 [在] 中国。
　　　Qīxī de chuánshuō hé fēngsú dànshēng yú [zài] Zhōngguó.
　　　（七夕の伝説と風習は中国から始まった）

例2 故事发生在 [于] 很久很久以前。
　　　Gùshì fāshēngzài [yú] hěn jiǔ hěn jiǔ yǐqián.
　　　（この物語は大昔に起こったのである）

"動詞＋在" には「動作の着点」を表す用法もあるが、"動詞＋于" にはこの用法がない（本文例 3）。

例3 把……诗笺绑在 [×于] 细竹上
　　　Bǎ …… shījiān bǎngzài [×yú] xìzhúshang
　　　（…短冊を笹に付ける）

一方、"動詞＋于" には「～から、～より」などのように、「(物事の) 源、出所」を表す用法もあるが、"動詞＋在" にはこの用法がない（例 4）。

例4 长江发源于 [×在] 西藏高原。
　　　Chángjiāng fāyuán yú [×zài] Xīzàng gāoyuán.
　　　（揚子江はチベット高原に源を発する）

"在" は "住"、"生活" などに後接し、「(物事の) 静的に存在する場所」を表す用法もあるが、"動詞＋于" にはない（「静的」とは静止ではなく、「一定の状態を保持していること」を表す）。

例5 a. 我住在 [×于] 朋友家。Wǒ zhùzài [×yú] péngyou jiā.
　　　　　（私は友だちの家に泊まっている）
　　　b. 歌手站在 [×于] 台上。Gēshǒu zhànzài [×yú] táishang.
　　　　　（歌手はステージに立っている）
　　　c. 车停在 [×于] 车库里。Chē tíngzài [×yú] chēkùli.
　　　　　（車は車庫にとまっている）

なお、"動詞＋在……" の使い方については、第 9 課も参照のこと。

(2) "越来越……"

形容詞や心理活動に関わる動詞などの前に位置し、「(ますます)～になる」「(だんだん)～になる」という意味で、ある状態が次第に深まっていくことを表す。本文の"女工手芸能越来越好"は「(お嫁さん修行の)習い事がますます上手になる」という意味を表す。また、次の例は年配の知人と再会した時の挨拶によく使われる表現。

例1 A: **您真是越来越年轻了**。
Nín zhēn shì yuè lái yuè niánqīng le.
(会うたびに若返っていますね)

B: **瞧你说的**。
Qiáo nǐ shuō de.
(何をおっしゃいますか)

日本語で状態が次第に深まることを表すには、「増えてくる」「消えていく」のような「～てくる[いく]」の形を多用するが、対応する中国語はほとんど"越来越……"の形をとる (本文例2、例3)。

例2 **像……这样的广告越来越多**。
Xiàng …… zhèyàng de guǎnggào yuè lái yuè duō.
(…というような広告が<u>増えてきた</u>)

例3 **我越来越了解中国了**。
Wǒ yuè lái yuè liǎojiě Zhōngguó le.
(中国のことがだんだん<u>わかってきた</u>)

また、"增加"、"减少"、"发展"など、それ自体に変化の意味を含む動詞は、"越来越"の表す変化の意味と重複するので、共起することができない点に注意 (例4、例5)。

例4 **这样的广告 ×越来越增加 [○越来越多]**。
Zhèyàng de guǎnggào ×yuè lái yuè zēngjiā [○yuè lái yuè duō].
(このような広告が増えてきた)

例5 **IT 技术 ×越来越发展 [○越来越发达] 了**。
IT jìshù ×yuè lái yuè fāzhǎn [○yuè lái yuè fādá] le.
(IT 技術はますます発展した)

関連表現の"越 A 越 B"については、第 20 課を参照。

練習問題

括弧内の語句を使って中国語に訳しましょう。

① クジラは元々陸上で生活していたので、肺で呼吸をする。(鲸鱼、原本、陆地、"動詞＋在……")

② 彼が大学に入ってから、私たちの会う回数はだんだん減ってきた。(相见、次数、越来越)

本場の中国語ワンフレーズ

距离产生美　距離から生まれる美しさ

　直訳すると「距離が美しさを生み出す」となり、元は美学研究の重要な課題の一つ。「ヤマアラシのジレンマ」という表現もあるが、こちらは「近いと互いに傷つき、離れすぎるとまた寂しい」と距離の丁度よさを強調する。一方、"距离产生美"はもっぱら「離れている方がいい」と主張する際に使われる。牽牛と織姫が何千年ものあいだ相思相愛でいられたのも、距離のおかげかもしれない。

　グローバリゼーションが進む昨今、このフレーズの出番も増えてきた。例：我男友九月就去巴黎留学了，怎么办哪！——没事儿，距离产生美嘛。Wǒ nányǒu jiǔ yuè jiù qù Bālí liúxué le, zěnme bàn na!——Méishìr, jùlí chǎnshēng měi ma.（彼氏が９月からパリに留学する。どうしよう！——大丈夫、「距離こそが美しさを生み出す」と言うでしょう）

中国文化コラム

"汉语"と"中文"は同じ？

　中国語を勉強している時、疑問に思ったことはありませんか？「"汉语 Hànyǔ"と"中文 Zhōngwén"ってどこが違うの？」

　一般的に、どちらも「中国語」を表現していますが、ニュアンスや使う際のシチュエーションに違いがあるようです。例えば、中国の大学へ留学に行く際、"中文系 Zhōngwén xì"と"对外汉语学院 duìwài Hànyǔ xuéyuàn"のどちらを選択するかによって、勉強する内容が大きく異なってきます。"中文系"は「国文学専攻」、"对外汉语学院"は「日本語専攻」に相当すると捉えた方がよいでしょう。

　元々、"汉语"は「漢民族の使用言語」という意味から来た呼び名であり、後に中国語の代名詞として広く認知されるようになりましたが、主に対外的、かつ語学に限定して使用される場合が多いようです。中国語検定試験（HSK）のことを"汉语水平考试 Hànyǔ shuǐpíng kǎoshì"と呼ぶのもその一例と言えるでしょう。これに対して、"中文"は「国を代表する言語」といったニュアンスが強く、その概念も語学のみならず、文化や文学なども含まれているようです。

　ほかにも、「中国語」を指す表現として、"普通话 pǔtōnghuà"がありますが、これは現代中国語の「標準語（北京語）」を意味します。なお、台湾では「標準中国語」のことを"国语 guóyǔ"と呼び、マレーシアやシンガポールでは"华语 huáyǔ"と呼びます。国や地域によって様々な呼び方があるということも覚えておきましょう。

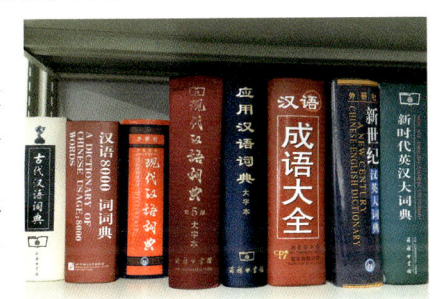

第16课 采集 昆虫

暑假开始啦。在中国，今年大多数学校从七月十三日开始放暑假，比日本长一个星期。

暑假有很多作业。因为中国从九月开始是新学年，所以要努力复习和预习。而且中国的暑假也不像日本，有"盂兰盆节"这样大家都休息的假日，所以几乎没有度假的感觉。

前年，我因为大学实习的关系，曾在琵琶湖附近和小学生们一起采集昆虫。大家为了完成暑假的"自由研究"，捉了很多虫子。这种所谓的"自由研究"在中国是没有的，采集昆虫这种活动也并不普及。

其实我也挺害怕虫子的，不过我在小树林里抓到了一只独角仙！虽然有点儿疼，但我可是实实在在用手抓到的哟。

昆虫採集

　夏休みが始まりましたね。中国では、今年は大半が7月13日から夏休み。日本より1週間長いようです。

　夏休みはたくさんの宿題が出ます。中国では9月から新学年が始まるので、それに向けて復習と予習をがんばります。日本のお盆のように家族みんなが一斉に休む期間もないので、バケーションという感じではほとんどないですね。

　ところで一昨年、大学のインターンで、琵琶湖の近くで小学生たちと一緒に昆虫採集をしました。みんな夏休みの「自由研究」のために、たくさん虫を採っていました。この「自由研究」というのも中国にはありませんが、昆虫採集そのものも、そんなにポピュラーではありません。実は私も虫は苦手でしたが、雑木林の中でカブトムシをゲット！ ちょっと痛かったけど、ちゃんと手でつかめましたよ。

段段夏空

☞ 生词

- 放 fàng：（休みに）なる
- 几乎 jīhū：ほとんど、ほぼ
- 度假 dù//jià：（保養や旅行のための比較的長い）休暇を過ごす
- 因为 yīnwèi …… 的关系 de guānxi：〈新〉～の都合で、～がきっかけ・原因で
- 实习 shíxí：実習、インターンシップ
- 捉 zhuō：捕らえる、捕まえる
- 所谓 suǒwèi：いわゆる
- 害怕 hàipà：怖がる、恐れる、～が怖い（"怕" とも）
- 树林 shùlín：林（"森林" より小さい）
- 抓 zhuā：捕まえる、捕らえる；つかむ
- 独角仙 dújiǎoxiān：カブトムシ
- 疼 téng：痛い
- 实实在在 shíshízàizài：（"实在" の重ね型）確かである、着実である

人生初のカブトムシをゲット！

词语用法

(1) "(像)A＋这样 (的) / 那样 (的) / 这种 / 那种＋B"

「AのようなB、AというB」の意を表し、主に以下の2つの用法がある。

ⅰ．「例えばAのようなB」という意味で、Aを例として挙げ、Bという事物のカテゴリーを言う (本文例 1)

例1 "盂兰盆节"这样大家都休息的假日
"Yúlánpén Jié" zhèyàng dàjiā dōu xiūxi de jiàrì
（お盆のようにみんなが一斉に休む休暇）

ⅱ．概ね「Aという (ような) B」の意で、BはAについての説明 (本文例 2)

例2 采集昆虫这种活动
cǎijí kūnchóng zhèi zhǒng huódòng
（昆虫採集という活動）

ここでは、Aは特定できる事物でなければならない。次のような比喩表現は、典型的に"(像)A＋一样(的)＋B"の形で表す。

例3 (像) 花儿一样美丽的女孩儿
(xiàng) huār yíyàng měilì de nǚháir
（花のような美しい少女）

(2) 二音節形容詞の重ね型

本文の"实实在在"のように、"实在"などの二音節形容詞を繰り返して言う形式。その意味や用法は概ね"早早儿"などの単音節形容詞の重ね方と同じ (⇒第21課)。ただし、二音節形容詞の場合、それ自身の意味特徴によって2つの重ね方に分かれる (以下、二音節形容詞をABで表す)。

ⅰ．AがBを修飾する場合、ABABの形で繰り返す

例1 笔直 bǐzhí（筆のようにまっすぐな）→ 笔直笔直
鲜红 xiānhóng（明るい赤色の）→ 鲜红鲜红

ⅱ．AとBが並列関係の場合、AABBの形で繰り返す

例2 高兴 gāoxìng（うれしい、愉快である）→ 高高兴兴
轻松 qīngsōng（気楽な）→ 轻轻松松
平安 píng'ān（平穏無事な）→ 平平安安
简单 jiǎndān（簡単な）→ 简简单单

例3 你说过。我记得清清楚楚的。
Nǐ shuōguo. Wǒ jìde qīngqīngchǔchǔ de.
（あなたは確かに言ったのよ。よーく覚えてるんだから）

二音節形容詞の重ね型は基本的に、軽快な口語調で様態などを生き生きと描写するための表現。そのため、重いイメージで、好ましくない意味の形容詞とは相容れない（"悲伤 bēishāng → ×悲悲伤伤"、"沉重 chénzhòng → ×沉沉重重"、"危险 wēixiǎn → ×危危险险"、"困难 kùnnán → ×困困难难"などは不可）。

練習問題

括弧内の語句を使って中国語に訳しましょう。

① 彼のように田舎で暮らしたことのある人は、もちろんゴキブリは怖くない。（"(像)A ＋这样／这种＋ B"、农村、害怕、蟑螂）

② 夏休みなので、キャンパスはとても静かで、ほとんど人がいない。（"因为……的关系"、放、校园、几乎、二音節形容詞の重ね型）

本場の中国語ワンフレーズ

拖延症　引き伸ばし症候群

宿題や仕事などやるべきことをいつまでも引き延ばし、ギリギリになるまで作業にとりかからない癖を一種の心理的障害として扱う言葉。ある調査によると、中国のホワイトカラーの９割弱がかかっているらしく、最近の流行語となっている。日常会話では、自嘲したり友人をからかったりする場面で使うことが多い。例：明天就开学了，暑假作业我还一点儿都没做呢！──看来你的拖延症已经到晚期了。Míngtiān jiù kāixué le, shǔjià zuòyè wǒ hái yìdiǎnr dōu méi zuò ne!──Kànlái nǐ de tuōyánzhèng yǐjīng dào wǎnqī le.（明日から学校が始まるけど、夏休みの宿題にまだ全然手をつけてないよ！──見たところ、あなたの「引き伸ばし症候群」はもう末期のようだね）

第17课 西瓜 适合 跟 什么 一起 吃？

最近 似乎 每年 的 夏天 都 持续 炎热，很多 人 因为 苦夏 是不是 身体 有点儿 不 舒服 啊？小时候，炎热 的 日子里 总 会 全家人 一起 切开 冰得 凉凉 的 西瓜，大口 地 啃起来。

让 我 感到 吃惊 的 是 日本人 吃 西瓜 撒 盐。这样 西瓜 不 是 就 不 甜 了 吗？不过，我 尝过 之后 发现 竟然 很 好吃。在 中国，吃 西瓜 什么 都 不 撒，直接 吃。

那么，吃 西红柿 的 时候 呢？在 中国 会 把 西红柿 切成 小块儿，再 撒上 白糖。在 日本 也 一样 吧。这 是 夏季 最 简单 的 一 道 凉菜 了。

不过，吃 菠萝 的 时候 稍微 有点 不 同。菠萝 吃 多了 会 感觉 酸，然后 嘴里 就 会 变得 涩涩 的。为 防止 出现 酸 涩 感，在 中国 会 把 菠萝 在 盐水里 浸泡 一 段 时间 再 吃。大家 也 试一试 吧。

スイカには何が合う？

　このところ、夏は毎年のように猛暑が続いていますね。夏バテで体調を崩してしまう人も多いのではないでしょうか？ 小さい頃、暑い日には家族で冷たく冷やしたスイカを切って、ガブリとかじりつきました。

　びっくりしたのは、日本ではスイカに塩をかけて食べること。そんなことをしたら、スイカの甘さが消えてしまうんじゃないの？ でも、食べてみると意外とおいしかった。中国ではスイカは何もかけず、そのまま食べます。

　トマトの場合はどうですか？ 中国では、小さく切って、砂糖をさっとかけてできあがり。これは日本も同じかな。夏の前菜として一番簡単な料理です。

　ただ、パイナップルの場合はちょっと別で、食べすぎると酸っぱくなって、やがて口が渋くなりますよね。それを防ぐために、中国では塩水につけてから食べます。やってみてくださいね。

段段夏空

👉 生词

- 持续 chíxù：〈書〉続けて〜、引き続き〜
- 炎热 yánrè：〈書〉ひどく暑い
- 苦夏 kǔxià：夏バテ（する）
- 冰 bīng：冷やす
- 凉 liáng：冷たい
- 啃 kěn：かじる、かじり取って食べる
- 吃惊 chī//jīng：驚く
- 撒 sǎ：（主に粒状のものを）まく、かける
- 发现 fāxiàn：気づく
- 直接 zhíjiē：直接の［に］
- 凉菜 liángcài：冷たい料理、（中華料理の）前菜
- 稍微 shāowēi：少し、少々
- 涩 sè：渋い
- 防止 fángzhǐ：防ぐ、防止する
- 浸泡 jìnpào：（液体に）浸す；浸かる

みなさんは、スイカに塩をかける派ですか？

词语用法

（1）程度補語 "……得……" と因果関係

　　程度補語には、単に程度を表す用法（⇒第 2 課）と、因果関係にある 2 つの事態を結びつける用法がある。本文の"冰得凉凉的"は後者で、"冰"（冷やす）と"凉凉的"（冷たい）は因果関係にあり、つまり「冷やした結果（スイカが）冷たくなった」と述べている。

　　この用法では「結果」は形式上、描写性のある「状態形容詞」（⇒第 21 課）（例 1）や、文の形（例 2）をとらなければならない。

例1　房间打扫得干干净净的 [非常干净]。
　　　Fángjiān dǎsǎode gāngānjìngjìng de [fēicháng gānjìng].
　　　（部屋は（掃除されていて）きれいになった）

例2　他吓得腿都软了。Tā xiàde tuǐ dōu ruǎn le.
　　　（彼は（恐怖のあまり）足に力が入らなくなった）

　　「性質形容詞」や単独の動詞を用い、単に結果を客観的に述べるだけの場合は、通常"……得……"の形ではなく、結果補語で表すことが多い（例 3）。

例3　×房间打扫得干净。Fángjiān dǎsǎode gānjìng.
　　　→○房间打扫干净了。Fángjiān dǎsǎogānjìng le.（部屋は掃除してきれいになった）

（2）反語表現 "不是……吗"

　　「～ではないか」の意で、ある事態や道理などについて、いうまでもなくそうだと主張することで、相手に説明を求めるのに使われることが多い。本文例 1 では「（塩をかけると）スイカの甘みがなくなる」のは当然だと主張することで、「それじゃ、なんで塩をかけるの」と婉曲に問いかけている。

例1　这样西瓜不是就不甜了吗?（……那为什么还要撒盐呢?）
　　　Zhèyàng xīguā bú shì jiù bù tián le ma?（…… Nà wèi shénme hái yào sǎ yán ne?）
　　　（そうするとスイカが甘くなくなってしまうんじゃないの？（…じゃあどうして塩をかけるの？））

　　反語文である本文例 1 を"这样西瓜就不甜了。"のような肯定文に書き換えても意味は変わらないが、説明を求めるニュアンスがなくなる。

　　また、「～じゃなかったっけ」のように、確かでない情報や判断について聞き手に確認する用法もある。この場合、通常"不是"を強調して発音する（例 2）。

例2　A：他汉语说得真流利。Tā Hànyǔ shuōde zhēn liúlì.
　　　　（彼の中国語は本当にうまいね！）
　　　B：欸，他不是中国人吗? Āi, tā bú shì Zhōngguórén ma?
　　　　（あれ、彼って中国人じゃなかったっけ？）

次の慣用表現には「注意喚起」の効果もある。ここでは"是"を強く発音する。

例3 A：看见我的眼镜了吗？Kànjiàn wǒ de yǎnjìng le ma?（僕のメガネ見た？）
B：这不是吗！Zhè bú shì ma!（目の前にあるじゃん！）

練習問題

括弧内の語句を使って中国語に訳しましょう。

① パイナップルを食べて口の中が渋くなっている。（菠萝、"……得……"、涩）

② 会議の前まではまだ結構元気じゃなかったっけ。（"不是……吗"、"挺……的"、(有) 精神）

本場の中国語ワンフレーズ

原汁原味　そのままの味

　直訳すると「本来の汁、本来の味」となり、「料理本来の味」を意味する。今は「事物の外部から影響を受ける前の、本来の姿や特徴」を表し、料理に限らず色々な場面で使える。例えば、"原汁原味的美式英语 yuánzhī yuánwèi de měishì Yīngyǔ"（本場のアメリカ英語）、"原汁原味的老北京风情 yuánzhī yuánwèi de lǎo Běijīng fēngqíng"（昔ながらの北京の風情）、"原汁原味的黑泽明电影 yuánzhī yuánwèi de Hēizé Míng diànyǐng"（黒澤明らしい映画）など。

　逆に料理に関しては、最近は"原味"だけで使われることが多く、"原味冰淇淋 yuánwèi bīngqílín"（一説では「バニラアイス」）、"原味咖啡 yuánwèi kāfēi"（単一種類のコーヒー豆から作られたコーヒー）など、一番オーソドックスな、または純粋でシンプルなものを表す。では、下の会話では、客はどこで何を注文しているのだろう？（⇒正解は p. 175）

顾客：三块原味鸡，一杯大可乐。Sān kuài yuánwèi jī, yì bēi dà kělè.
服务员：好的，请稍等。Hǎo de, qǐng shāo děng.

烟花 大会

说起日本的夏夜，就会想到烟花。日本各地都有烟花大会。我前年和去年也去看了东京隅田川的烟花大会。那么大规模的烟花我生平第一次看到！

日本烟花大会的气氛很独特。会场附近人山人海。有人从前一天就开始排队占位子，女孩子还会穿上漂亮的夏季和服。看着大大的烟花，大家一边喝酒，一边开心地又说又闹，真是太有日本风情了。

不过，在中国烟花并不属于夏天。农历新年"春节"的前一天晚上，也就是除夕，以及农历一月十五号（元宵节）燃放烟花庆祝。小时候，我也曾边放爆竹，边欣赏各种各样的烟火。在日本，烟花是夏日里的一道风景，在中国却属于冬天。真不可思议呀。

花火大会

　日本の夏の夜といったら、花火ですよね。日本のあちこちで花火大会があります。私も一昨年と昨年は東京・隅田川の花火大会を見に行きました。あんなに大規模な花火は生まれて初めてでした！

　日本の花火大会の雰囲気は独特です。会場周辺は人でいっぱい。前の日から場所取りに並んだり、女性はきれいな浴衣で着飾ったり。大きな花火を見ながら、みんなでお酒を飲んでわいわいと楽しむのは、いかにも日本風です。

　でも、中国では花火は夏のものではありません。旧正月の「春節」の前日の夜、つまり大晦日や、旧暦1月15日（元宵節）のお祝いとして打ち上げます。私も小さい頃、爆竹を鳴らしたり、色んな花火を楽しんだりしました。日本では夏の風物詩が中国では冬。不思議ですね。

段段夏空

生词

- **烟花** yānhuā：花火（"**焰火** yànhuǒ"、"**烟火** yānhuo" とも）
- **说起** shuōqǐ：〈書〉話し出す；言及する（口語では "**说起来**"）
- **想到** xiǎngdào：思い出す、脳裏に浮かぶ；思いつく
- **生平** shēngpíng：生まれてこのかた；生涯
- **气氛** qìfēn：雰囲気
- **人山人海** rénshānrénhǎi：〈成〉黒山の人だかり（直訳は「人の山、人の海」）
- **前一天** qiányìtiān：前日
- **排队** pái//duì：列に並ぶ；順番を待つ
- **占位子** zhàn//wèizi：場所取りをする
- **开心** kāixīn：楽しい、愉快である
- **又** yòu ... **又** yòu ...：〜しては、また〜する
- **闹** nào：騒ぐ
- **风情** fēngqíng：風情、趣
- **属于** shǔyú：〜のものである；〜に属する
- **以及** yǐjí：〈書〉及び、並びに
- **燃放** ránfàng：（花火などに）火をつけて放つ
- **欣赏** xīnshǎng：鑑賞する、楽しむ

中国では色々な種類の爆竹が売っていますよ

词语用法

(1) "(一)边……(一)边……"

「～しながら～する」という意味で、複数（基本は２つ）の動作・行為が同時に進行することを表す。本文の"一边喝酒，一边开心地又说又闹"では「酒を飲む」と「楽しく話して騒ぐ」が同時に進行していることを表す。書面語ではしばしば"一"を省略する（本文例：边放爆竹，边欣赏各种各样的烟火）。

"(一)边……(一)边……"では、２つの動作はいずれも「持続的」、かつ「動的」でなければならない（例１、例２）。

例1　a. ×一边牵他的手一边散步。Yìbiān qiān tā de shǒu yìbiān sànbù.
　　　　（彼の手を握りながら散歩する）
　　　b. ○一边拍手一边散步。Yìbiān pāishǒu yìbiān sànbù.
　　　　（手を叩きながら散歩する）

例2　a. ×一边唱歌一边到家了。Yìbiān chàng gē yìbiān dào jiā le.
　　　　（歌いながら家に着いた）
　　　b. ○一边唱歌一边往家走。Yìbiān chàng gē yìbiān wǎng jiā zǒu.
　　　　（歌いながら家へ歩く）

1a の"牵手"という動作は最初の一瞬だけ手を握り、その後握っている状態を維持するだけ（「動的」でない）。また、2a の"到家"は一瞬の出来事（「持続的」でない）。

(2) 主観的な"真＋形容詞"

"真"は元々「本当の、偽りのない」の意で、"真心"（本心）のように名詞を修飾したり、"真的"の形で「本当だ」という意味を表す。"真＋形容詞"は真偽判断の意味は既に薄く、主に程度が高いことを表し、感嘆の語気を伴う。本文の"真不可思议"は「不思議」の度合いが高いことを感嘆表現で表している。以下の"真好"はうらやましい気持ちを表す例。

例1　A: 我昨天和朋友去看烟花了。Wǒ zuótiān hé péngyou qù kàn yānhuā le.
　　　　（昨日友だちと花火を見に行ってきたよ）
　　　B: 真好! Zhēn hǎo! （いいなー！）

"真＋形容詞"は"很/比较/非常＋形容詞"などと異なり、名詞を修飾することはできない（例２）。

例2　这是一本○很 [○比较 / ○非常 / ×真] 有意思的书。
　　　Zhè shì yì běn ○hěn [○bǐjiào / ○fēicháng / ×zhēn] yǒuyìsi de shū.
　　　（これはとても面白い本だ）

中国語の程度副詞は「客観的評価」を表す"很/比较/非常……"と、「主観的感情表出」に使われる"真……"、"太……了"、"好……"などに分かれ、後者は普通、感情表出に適する文の述語位置にしか現れない。一方、主観的な表現であれば（感嘆まで強くなくても）、"真"などを省くと不自然になることが多く、"好吃!"、"可爱!"などと単独では普通は言わない。

練習問題

括弧内の語句を使って中国語に訳しましょう。

① 彼は人混みの中、体で周りを押しながら前へ歩く。(人山人海、"(一)边……(一)边……"、挤)

② トイレットペーパーで場所取りなんて、あんまりだよ。(占位子、过分)

本場の中国語ワンフレーズ

心静自然凉　心が静かなら自然と涼しく感じる

　元は清の雍正帝の言葉で、内心が和やかなら猛暑日でも涼しく感じられるという意味。今は「困難や不運などに慌てずに対応すべし」という比喩的な用法もあるが、むしろ元来の意味で使われることが多い。「夏の花火大会」と聞いて、「真夏に火?!　暑くないの？」と反応する中国人も多いだろう。そんな時は、この一言で納得させよう。　古語っぽい表現ではあるが、中国人なら誰でも知っていて、次のように日常会話でも使うことが多い。例：这空调一点儿也不凉快。——算了算了，心静自然凉。Zhèi kōngtiáo yìdiǎnr yě bù liángkuai. —— Suànle suànle, xīn jìng zìrán liáng.（このエアコンはちっとも涼しくならないね。——いいよ。心を落ち着かせれば涼しくなってくるから）

第19课 你相信算命吗?

前些日子,在我出演的广播节目上,一位令慕名者大排长龙的人气占卜师对我说:"你的左肩上能看到一团气场。你很重感情,不过也容易被骗。你应该活得更自我一点。三年后,说不定你的幸福就会来了。"嗯……说得还挺准的吧。

日本人似乎挺喜欢占卜算命的,中国人也非常喜欢。最被人们熟知的大概就是"风水"了。风水的观点认为,家中或房子里有些地方吉利,有些地方晦气。

比如,在门口放镜子就要注意。不能对着门放,因为镜子会把从外面进来的"气(能量)"反射回去。一般认为放在一进门的右侧比较好。日本一般不太会考虑这种事吧。大家门口的镜子都挂在哪儿呢?

占いを信じますか？

　先日出演したラジオで、行列ができるほど人気で評判の占い師さんから告げられました。「左肩にオーラが見えます。情が深い分、人にだまされやすいタイプね。もっと自分らしく生きていくのが一番。3年後には、女性としての幸せがやってくるかもよ」って。うーん。当たってるかな。

　日本人は占いが好きなようですが、中国人も占いは大好き。よく知られているのが「風水」です。風水は、家や建物の中に縁起がいい場所、悪い場所があるという考えです。

　例えば、玄関で鏡をかける場所には注意が必要です。ドアの正面に鏡がかかっているのはダメ。外から入る「気（パワー）」を鏡が反射して戻してしまうから。一般には、ドアを入って右側にかけるのがいいとされます。日本では、そんなことはあまり考えませんよね。みなさんの家の玄関の鏡はどこにかかっていますか？

段段 夏空

☞ 生词

- 广播 guǎngbō：ラジオ
- 令 lìng：〈書〉させる
- 慕名 mù//míng：美名を慕う
- 大排长龙 dàpáichánglóng：長蛇の列を作る
- 团 tuán：〈量詞〉ひとかたまりになっているものを数える
- 气场 qìchǎng：オーラ
- 自我 zìwǒ：周りを気にせず、自分の意思を貫き通すさま
- 说不定 shuōbudìng：～かもしれない
- 准 zhǔn：確かである、正確である
- 似乎 sìhu：～らしい、～のようだ
- 认为 rènwéi：〈書〉～と考える、～と思う
- 吉利 jílì：縁起がいい
- 晦气 huìqi：縁起が悪い；運が悪い
- 能量 néngliàng：パワー、エネルギー
- 考虑 kǎolǜ：考慮する、考えに入れる
- 挂 guà：かける；かかる

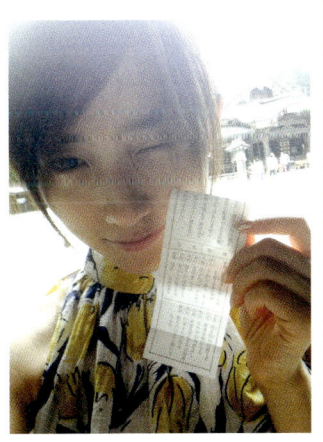

大吉のおみくじを引いたよ！

词语用法

(1)「比較」のニュアンスを含む "形容詞＋(一) 点儿"

少量を意味する "一点儿"（少し）が形容詞の後に現れる場合、往々にして「もう少し～」という意味で「比較」のニュアンスが含まれる。本文の "活得更自我一点" では、"更"（もっと）と共起することからもわかるように、比較の文脈にとても馴染みやすい。

例1 小何瘦，小毛胖一点儿。Xiǎo Hé shòu, Xiǎo Máo pàng yìdiǎnr.
《比較対象あり》(何さんはやせていて、毛くんは (何さんより) 少し太っている)

×小毛胖一点儿。Xiǎo Máo pàng yìdiǎnr.
《比較対象なし》(毛くんは少し太っている)

例1からわかるように、比較のニュアンスがなければ "形容詞＋(一) 点儿" は成立し難いが、その比較対象が明示されない場合も多いので、文を理解する際に注意が必要 (例2)。

例2 北京的空气最近好点儿了。Běijīng de kōngqì zuìjìn hǎo diǎnr le.
(北京の空気は最近 (前より) 少しよくなった)

また、「早く～して」のような命令表現は、本来「(今の速度より) 早く」という比較の意味を含むので、次のように "形容詞＋(一) 点儿" を用いることが多い。

例3 不好意思，您能慢点儿说吗？Bùhǎoyìsi, nín néng màn diǎnr shuō ma?
(恐れ入りますが、もう少しゆっくり話してもらえますか？)

(2) 落としやすい「方位詞」——"上" と "里"

中国語の「方位詞」は、"上"、"下"、"左"、"右"、"前"、"后"、"里"、"外"、"东"、"西"、"南"、"北"、"旁"…や、これらに "边"、"面"、"头" を後接した複合形式などが含まれる。そのうち "上" と "里"（書面語では "中"）は事物が置かれる「常規的位置」であるため、日本語では省かれることが多い（「教室で」と言えば普通「教室の中で」と捉えられ、「教室の外で」とは捉えられないため）。一方、中国語では「非常規的」な方位詞はもちろん、"上"、"里" も通常省けない (本文例1、例2)。

例1 ○左肩上 [×左肩] 能看到一团气场。
Zuǒjiānshang [×Zuǒjiān] néng kàndào yì tuán qìchǎng.
(左肩 (の上) にオーラが見える)

例2 ○家中或房子里 [×家或房子] 有些地方吉利……
Jiāzhōng huò fángzili [×Jiā huò fángzi] yǒuxiē dìfang jílì......
(家 (の中) や建物 (の中) に縁起がいい場所もあれば…)

これは、中国語の一般名詞は（"图书馆"、"北京" など場所の意味が強い名詞は別として）、方位詞などの助けなしでは場所として捉え難いからだ。また、"上"、

"里"は"边"、"面"、"头"と結合せず、"冰箱里"、"桌子上"のように、直接に名詞に後接できるが、ほかの方位詞は"边"、"面"、"头"がないと固苦しい書面語になり、一般の会話では不自然になる（例3）。

例3 看，遥控器在○椅子上 [○椅子下边 / ??椅子下] 呢!
Kàn, yáokòngqì zài ○yǐzishang [○yǐzi xiàbian / ??yǐzixià] ne!
（ほら、リモコンは椅子の上［下］にあるよ）

練習問題

括弧内の語句を使って中国語に訳しましょう。

① あなたの時計は5分遅れているが、僕のはより正確だ。（慢、准、（一）点儿）

② ちゃんと探して。机の下の引き出しにあるかもしれない。（说不定、"名詞＋方位詞"、抽屉）

本場の中国語ワンフレーズ

八字不合　馬が合わない

"八字"とは人の生まれる年、月、日、時刻（いわゆる「四柱」）をそれぞれ「十干（甲、乙…癸）」と「十二支（子、丑…亥）」との組み合わせ（例えば「辛亥革命」の「辛亥」）で表した八文字で、占いでは人の性格や運命を推察する重要な手がかりとされている。それ故、人と人との相性は"八字"から伺えるとされ、伝統社会では"八字"が合うことが結婚相手の必須条件ともされてきた。今の中国本土では"八字"の考えは一般に迷信とされ、社会生活との直接の関わりはほとんどなくなった。"八字不合"という成語も、単純に「相性が悪いこと」を意味し、相手の誕生日に関係なく言えるようになった。例：我们领导总刁难我，大概跟我八字不合吧。Wǒmen lǐngdǎo zǒng diāonàn wǒ, dàgài gēn wǒ bāzì bù hé ba.（上司に難癖ばかりつけられてるけど、僕と馬が合わないからかな）

吉利的数字

转眼间八月已经结束了。说起来,"八"这个数字在日本喻义"未来的路越走越宽",非常吉利。在中国"八"虽然喻义不同,不过也是个吉利的数字呢。

中文里有"发财"一词,意思是"财运亨通、赚大钱"。是春节等节日里互相问候和祝贺的吉利话。"发财"的"发"和"八"的发音相似,所以"八"被认为是吉利的数字。另外"六"也因为有喻义"诸事顺利"的"六六大顺"一词,而被人们所喜爱。选电话号码或车牌号的时候八和六也是大热门。另一方面,数字"四"被认为是不吉利的,中文和日文一样,"四"的发音和"死"相似,因此为人们所嫌恶。

在中国,年轻人经常使用以数字表示的暗号。例如"520"的意思是"我爱你"。

縁起がいい数字

　8月もあっという間にもう終わり。ところで、「八」という数字は日本では「末広がり」で、縁起がいいそうですね。中国では「八」に末広がりという意味はありませんが、別な意味で縁起がいいとされる数字です。

　中国語には"发财"という言葉があって、「金運に恵まれ、大金を得ること」を意味します。新年や祝日の賀状などの挨拶で使われる言葉です。この"发"の発音が「八」の発音と似ているため、八が縁起のいい数字とされるようになりました。ほかにも「六」は「万事順調」という意味の"六六大顺"という言葉もあり、好まれます。電話番号や車のナンバーを選ぶ時も8と6は人気です。一方、縁起が悪いとされるのが「四」。日本語と同様、「死」と発音が似ているので、嫌われます。

　中国の若者は数字を使った暗号をよく使います。例えば「520」は"我爱你"で、「愛してる」という意味になります！

段段　夏空

👉 生词

- **转眼间** zhuǎnyǎn jiān：またたく間（に）（"转眼"、"转眼之间" とも）
- **说起来** shuōqilai：（話題を転換して）そう言えば、言ってみれば
- **喻义** yùyì：比喩の意味；比喩が意味するところ
- **发财** fā//cái：金持ちになる、大儲けをする
- **财运亨通** cáiyùn hēngtōng：〈成〉金運に恵まれる
- **问候** wènhòu：挨拶する
- **赚** zhuàn：儲ける；儲かる
- **相似** xiāngsì：似ている
- **诸** zhū：諸々の、たくさんの
- **车牌** chēpái：（車の）ナンバープレート
- **热门** rèmén：人気のあるもの
- **另** lìng：別の、ほかの（"另一方面" で「一方、他方」の意）
- **嫌恶** xiánwù：嫌悪する、嫌う
- **以** yǐ：〈介詞〉（方法や基準などを表す）〜によって、〜をもって

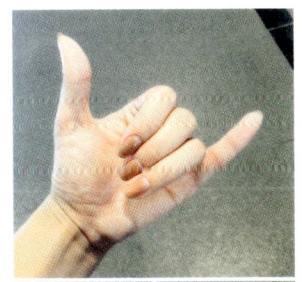

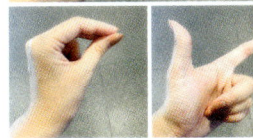

中国式に手で数を数える時、6、7、8はこう！

词语用法

(1) "越 A 越 B"

「A であれば A であるほど B になる」という意味で、A がある状態や動作を表し、その「状態の深化」または「動作の持続」につれ、B という状態の程度が次第に深まっていくことを表す。本文の "未来的路越走越宽"（未来へ続く道は歩けば歩くほど広くなる）は、「歩く」という「動作の持続」につれ、道の幅が次第に広くなるという意味。例 1 は A が「状態の深化」を表す用例。

> 例1　**人越胖越容易得病**。Rén yuè pàng yuè róngyi dé bìng.
> （人は太っていれば太っているほど、病気になりやすい）

A が「状態の深化」や「動作の持続」ではなく、単に「時間の推移」を表す場合は、"越来越……"（⇒第 15 課）の形をとるか、関連性の高い動詞を一応の代用として A に用いる（例 2）。

> 例2　**房子越住越大，车子越坐越小**。Fángzi yuè zhù yuè dà, chēzi yuè zuò yuè xiǎo.
> （〈直訳〉家は住めば住むほど広くなり、車は乗れば乗るほど小さくなる；住む家は広くなり、乗り物はバスからマイカーへ）

以下のように A と B の主語が違ってもよいが、"越" は必ず主語と述語の間に位置する（"×越希望大，越失望大。" は不可）。

> 例3　**别抱太大希望。希望越大，失望越大**。
> Bié bào tài dà xīwàng. Xīwàng yuè dà, shīwàng yuè dà.
> （あまり期待しない方がいいよ。期待が大きいほど失望も大きいからね）

(2) 受身表現 "为/被＋名詞＋所＋動詞句"

受身的な意味を表す。文語調の表現なので、文の各部分は文語調で揃えなければならない。本文の "'四'……为人们所嫌恶"（「四」は…人々に嫌われている）では、文語調の "嫌恶" を口語的な "讨厌" に置き換えると、文体の不一致で違和感が生じてしまう。また、"为" の代わりに "被" を用いることもあるが、用法も語調も特に変わらない（本文例 1）。

> 例1　**"六"……被人们所喜爱**。"Liù"…… bèi rénmen suǒ xǐ'ài.
> （「六」は…人々に好まれている）

"为/被＋名詞＋所＋動詞句" は一般の受身文（⇒第 6 課「被動文」）と異なり、動詞句は否定形をとることが可能で（例 2）、また、補語や "了"、"着"、"过" などとの共起が難しい（例 3）。

> 例2　**他的恶行为天地所不容** [×被天地不容]。
> Tā de èxíng wéi tiāndì suǒ bù róng [×bèi tiāndì bù róng].
> （彼の悪行は人々にも神様にも許されない）

例3 他为流弹所伤 [×射伤 / ×伤了 / ×伤过]。
Tā wéi liúdàn suǒ shāng [×shèshāng / ×shāng le / ×shāngguo].
（彼は流れ弾に怪我をさせられた）

練習問題

括弧内の語句を使って中国語に訳しましょう。

① 人気のある業界であるほどに、競争も激しい。（"越 A 越 B"、热门、行业、激烈）

② パソコン業界においてのマイクロソフトの地位は、あっという間にアップルに取って代わられた。（微软、转眼间、"为／被＋名詞＋所＋動詞"、苹果、取代）

本場の中国語ワンフレーズ

二　天然ぼけ

　近年インターネットから世間一般に普及した流行語で、「とぼけている、間抜けな」という意味。由来については、俗語の"二百五"（間抜け、あほう）の略という説と方言説などがある。基本的に同じ意味の"傻 shǎ"よりも口調が軽い分、攻撃性も弱い。真の意味での罵倒語というより、友だち同士の冗談まじりの会話で使われることが多い。"这家伙太二了。Zhèi jiāhuo tài èr le."（こいつ本当に間抜けだね）や"二不二啊你。Èr bu èr a nǐ."（バカじゃないの）のように使うほか、"我二了，空调忘关了。Wǒ èr le, kōngtiáo wàng guān le."（やっちゃった。エアコンつけっぱなしだった）のように、「うっかり失敗する」という用法もある。また、次のように「愛嬌のある天然な性格」という意味で使うこともある。例：昨天相亲的那个女孩怎么样？——二二的，挺可爱的。Zuótiān xiāngqīn de nèi ge nǚhái zěnmeyàng?——Èr èr de, tǐng kě'ài de.（昨日お見合いした女の子はどうだった？——天然キャラで、かわいかったよ）

中国文化コラム

簡体字と繁体字の違いは？

　"简体字 jiǎntǐzì"と"繁体字 fántǐzì"は、どちらも中国語を表記する際に使う漢字のことですが、"简体字"は主に中国大陸で、"繁体字"は香港や台湾などで使われています。以前は中国大陸でも"繁体字"が使われていましたが、1950年代に識字率を向上させるため、政府主導で漢字の簡略化が行われた結果、今日、我々が中国で目にする漢字は"简体字"となりました。

　確かに"简体字"が用いられるようになり、筆記する際の負担は減り、識字率は上がりました。しかし、象形文字である漢字独特の美しさや本来の字が表す意味が消えてしまったという意見もよく耳にします。一例を挙げれば、"简体字"の"爱"では、"繁体字"の"愛"と比べると、その漢字の意味を表す重要な部分である「心」が省略されたため、「心がない愛」と揶揄されたりもしています。

　なお、中国大陸と台湾の中国語の違いは、実は字体だけではありません。使われている語彙そのものが違うことがあるので注意が必要です。例えば、「タクシー」は大陸では"出租车 chūzūchē"ですが、台湾では"計程車 jìchéngchē"と言いますし、「地下鉄」は大陸では"地铁 dìtiě"、台湾では"捷運 jiéyùn"です。中国語の学習に余裕が出てきたら、こういったバリエーションにもぜひ気をつけてみてください。

段段秋色

餐桌上的套话
Cānzhuōshang de tàohuà

大家吃饭前会做什么呢？是不是双手合十，说"我开动了"呢。吃完饭则会说"多谢款待"。在日本，这是连小朋友都知道的餐桌习惯。

但是在中国，吃饭时并没有这些特别的说法。几个人聚餐，菜上齐了，就很自然地各自吃起来，吃完后就自然地结束。满满一桌子菜吃得饱饱儿的，可没什么特别的说词。

所以，当我在日本的大学食堂里看到独自用餐的学生小声说"我开动了"时，觉得有点儿不可思议。这是在向做饭的人道谢吗？好像也不是吧。现在我也变得日式了。吃饭时会说"我开动了"和"多谢款待"哟。对了，今天吃点儿什么好呢？

食事の挨拶

　みなさんはご飯を食べる時、どうしますか？ 両手を合わせて「いただきます」って言いますよね。食べ終わったら「ごちそうさま」。日本では、小さな子どもでも知っている、食事の時の習慣です。

　でも、中国には、食事の際にこういう特別な言い方はありません。何人かで食事を始める時は、料理が並べ終わったら、何となくそれぞれが食べ始め、食べ終わった後は、何となくおしまい。テーブルいっぱいの料理でお腹はいっぱいになりますが、特別な言葉はありません。

　ですから、日本の大学の食堂で、一人でご飯を食べている学生が小さな声で「いただきます」と言っているのを見て、ちょっと不思議でした。これって、料理を作ってくれた人に向けて、感謝の気持ちを伝えているのかな？ それも少し違うようですね。今では私もすっかり日本風。食事の時は「いただきます」「ごちそうさま」って言いますよ。さて、今日は何を食べようかな？

☞ 生词

- **餐桌** cānzhuō：食卓
- **套话** tàohuà：（挨拶などの）決まり文句
- **双手合十** shuāng shǒu héshí：合掌する
- **开动** kāidòng：エンジンをかける、始動させる；〈新〉食事を始める
- **款待** kuǎndài：ねんごろにもてなす
- **聚餐** jù//cān：会食する
- **上** shàng：（料理などを）食卓に出す
- **齐** qí：（全部が）揃っている；整然としている
- **满** mǎn：いっぱいである
- **说词** shuōcí：言葉；言いわけ、口実
- **独自** dúzì：〈書〉自分一人で
- **用餐** yòng//cān：〈書〉食事をする
- **道谢** dào//xiè：礼を言う、謝意を述べる
- **日式** rìshì：和式、和風

段段秋色

デザートをいただきまーす！

词语用法

(1) "连＋A＋都/也＋B"

"连"の後に置かれるAという事物・出来事を、Bの表す状態・事態に最も当てはまらないであろう極端な事例として取り上げ、「Aさえ(も)B；Aまで(も)B」の意味を表す。本文の"连小朋友都知道的餐桌习惯"では、「子ども」を最も「食卓の習慣」を知らなさそうな極端な事例として取り上げ、「子どもさえも知っている(したがって、みんな知っている常識だ)」と述べている。"连……也"は通常、否定の表現に用いられる。

例1 a. 他连啤酒都[也]喝不了。Tā lián píjiǔ dōu [yě] hēbuliǎo.
　　　《否定》(彼はビールさえも飲めない)
　　b. 他连白酒都能喝。Tā lián báijiǔ dōu néng hē.
　　　《肯定》(彼は(度数の高い)白酒までも飲める)

日常会話では、特に"连……都"において、"连"はしばしば省略される。

例2 A: 正宗的烤鸭，一只要切出108片。
　　　Zhèngzōng de kǎoyā, yì zhī yào qiēchū yìbǎilíngbā piàn.
　　　(本場の北京ダックは、1羽に(肉と皮で)108枚よ)

　　B: 这你都知道! Zhè nǐ dōu zhīdao!
　　　(そんなことまで知ってるの!)

(2) 単音節重ね型の状態形容詞

中国語の形容詞は、事物の属性・性質を述べる裸形式の「性質形容詞」(例：白、漂亮……)と、特定の場面における事物の状態を描写する「状態形容詞」(例：白白(的)、雪白(的)、白茫茫(的)、漂漂亮亮(的)……)に大別される。前者と違い、「状態形容詞」は程度副詞や"不"と共起せず、また意味上の制限を受けずに名詞を修飾できる(例1)。

例1 a. 性質形容詞：非常白 ／ 不白 ／ 白的衣服 (※比較対象が必要)
　　b. 状態形容詞：×非常白白的 ／ ×不白白的 ／ 白白的衣服

"白白的"(真っ白な)のような「単音節形容詞の重ね型」は状態形容詞の主要メンバーで、眼前の事物を(または脳内のイメージを、あたかも眼前にあるかのように)生き生きと描写する際に用いられる。本文の"满满一桌子菜"もその一例。単音節重ね型の状態形容詞には以下の用法がある。c、d以外では"的"は省略できない。口語では、第二音節はよく一声で発音し、時にr化をする。

例2 a. 文の述語：小红眼睛大大的 Xiǎo Hóng yǎnjing dàdà de
　　　　(紅ちゃんは大きっきな目をしている)

b. 名詞を修飾：**蓝蓝的天空** lánlán de tiānkōng（青々とした空）
c. "数量詞＋名詞"を修飾：**满满(的)一桌子菜** mǎnmǎn (de) yì zhuōzi cài
（テーブルいっぱいの料理）
d. 副詞として動詞を修飾：**慢慢儿(地)说** mànmānr (de) shuō（ゆっくり話す）
e. 補語として：**吃得饱饱儿的** chīde bǎobǎor de（お腹いっぱい食べる）

練習問題

括弧内の語句を使って中国語に訳しましょう。

① この店はとても人気で、1か月後でも予約でいっぱいだ。（"连……都"、"動詞＋满"、约）

② 麗ちゃんは前髪が揃っていて、とてもかわいらしい。（刘海儿、齐、形容詞重ね型）

本場の中国語ワンフレーズ

我吃好了　十分に食事をいただきました

中国では、食卓での決まり文句こそあまりないが、食べ終わった時に"我吃好了"と宣言することはよくある（"我吃完[吃饱]了"とも言えるが、やや子どもっぽいので習慣上"我吃好了"と言う）。これは、典型的には同じお皿の料理を取り分けながら食べる「非定食式」の中国料理の場合、自ら宣言しない限り食べ終わったことが周囲に気付かれにくいからかもしれない。招待された家の食卓でホスト側にお代わりを勧められたら、以下のように使ってみよう。例：怎么不吃了？别客气啊。——我已经吃好了。谢谢您。Zěnme bù chī le? Bié kèqi a. —— Wǒ yǐjīng chīhǎo le. Xièxie nín.（どうして箸を休ませているんですか？ 遠慮はいりませんよ。——もう十分に楽しませていただきました。ありがとうございます）

段段秋色

中秋节
Zhōngqiū Jié

无论在中国还是日本，农历八月十五日都是
Wúlùn zài Zhōngguó háishi Rìběn, nónglì bā yuè shíwǔ rì dōu shì

"中秋节"。赏明月度中秋，这在两国是一样的。
"Zhōngqiū Jié". Shǎng míngyuè dù Zhōngqiū, zhè zài liǎng guó shì yíyàng de.

今年中秋阳历的九月十九日。大家都赏月了吗？
Jīnnián Zhōngqiū yánglì de jiǔ yuè shíjiǔ rì. Dàjiā dōu shǎng yuè le ma?

在日本，传说月亮上有兔子在捣年糕，而中国
Zài Rìběn, chuánshuō yuèliangshang yǒu tùzi zài dǎo niángāo, ér Zhōngguó

的传说里兔子是在捣草药，而且是和一位美丽的
de chuánshuōli tùzi shì zài dǎo cǎoyào, érqiě shì hé yí wèi měilì de

仙女"嫦娥"生活在一起哟。
xiānnǚ "Cháng'é" shēnghuózài yìqǐ yo.

日本过中秋，会在家里摆上糯米团子和芒草，
Rìběn guò Zhōngqiū, huì zài jiāli bǎishang nuòmǐ tuánzi hé mángcǎo,

中国则是吃"月饼"。虽然日本也卖月饼，但中国卖
Zhōngguó zé shì chī "yuèbǐng". Suīrán Rìběn yě mài yuèbǐng, dàn Zhōngguó mài

的月饼有更多种类。中秋夜一家人在一起吃着
de yuèbǐng yǒu gèng duō zhǒnglèi. Zhōngqiū yè yì jiā rén zài yìqǐ chīzhe

月饼，享受片刻的团聚。
yuèbǐng, xiǎngshòu piànkè de tuánjù.

中身の餡も形も、様々な種類の月餅がありますよ

中秋の名月

　旧暦の 8 月 15 日は、日本でも中国でも、「中秋の名月（中秋節）」ですね。まん丸いお月様を見て過ごすのは、どちらの国も一緒です。今年の中秋節は新暦の 9 月 19 日でしたが、みなさんもお月見を楽しみましたか？

　日本では月にはウサギがいてお餅をついているとされますが、中国ではウサギが薬草を挽いているとされています。ウサギは"嫦娥"というきれいな仙女様と一緒に住んでいますよ。

　日本ではお団子とススキを飾りますが、中国では「月餅」を食べてお祝いします。日本でも月餅は売っていますが、中国ではもっとたくさんの種類が売られています。この日の夜は家族一緒に集まって月餅を食べて、団らんのひと時を過ごします。

☞ 生词

- **阳历** yánglì：太陽暦、西暦（"**公历** gōnglì"、"**西历** xīlì" とも）
- **传说** chuánshuō：伝説、神話；言い伝えによると
- **月亮** yuèliang：月
- **捣** dǎo：（杵などで）つく、砕く
- **年糕** niángāo：もち、もち菓子
- **草药** cǎoyào：草薬
- **摆** bǎi：置く、並べる
- **糯米** nuòmǐ：もち米（"**江米** jiāngmǐ" とも）
- **芒草** mángcǎo：ススキ
- **享受** xiǎngshòu：享受する、楽しむ
- **片刻** piànkè：ほんの短い時間、片時、しばらく
- **团聚** tuánjù：団らん（する）、集まる

天津テレビ塔の隣にお月様が！

段段秋色

词语用法

(1) 動作の進行を表す "在"

「～しているところ」という意味で、持続性のある動作（状態でなく）が進行中であることを表す。本文の"……兔子在捣年糕，……兔子在捣草药"は、日中の伝説においてウサギが「餅つき」と「薬草を挽く」という動作をそれぞれ継続していることを述べている。"在"は書面語的。

"在"と"着"はいずれも「持続」の意味合いがあるが、"在"は「動作自体の進行」を表すのに対し、"着"はあくまで「一定した状態」を提示する。「着衣動詞」（例1）と「準瞬間動詞」（例2）との結合から、両者の違いがよく伺える。

例1 a. **穿着衣服** chuānzhe yīfu（服を着たままの状態）
b. **在穿衣服** zài chuān yīfu（服を着ているところ）

例2 a. **开着门** kāizhe mén（扉を開けたままの状態）
b. **在开门** zài kāi mén（扉を開けようとしているところ）

"在"と"着"は意味上強く排斥し合うものではないので、しばしば共起する。

例3 **网络在改变着我们的生活方式**。Wǎngluò zài gǎibiànzhe wǒmen de shēnghuó fāngshì.
（ネットは我々のライフスタイルを変えつつある）

(2) "動作1＋着＋動作2"

「～している状態で～する」の意で、主に動作1の表す動作・状態が一定の時間持続している中で、動作2を行うことを表す。本文の"……吃着月饼，享受片刻的团聚"では、「月餅を食べる」という動作が続いている中で「団らんのひと時を楽しむ」と述べている。動作1の特徴によって、主に以下の3類に大別される。

ⅰ．持続的動作（動作1の続行中、動作2を実行。"开着车去上班"など、動作1が手段を表すことも多い）

例1 **吃着饭看电视** chīzhe fàn kàn diànshì（食事をしながらテレビを見る）
笑着说 xiàozhe shuō（笑いながら話す）
开着车去上班 kāizhe chē qù shàngbān（車を運転して職場に行く）

ⅱ．瞬間的動作（動作1を実行後の結果状態の中で、動作2を実行。しばしば「～たまま～する」と訳す）

例2 **开着窗户睡觉** kāizhe chuānghu shuìjiào（窓を開けたまま眠る）
拿着钥匙出门 názhe yàoshi chū mén（鍵を持って外出する）
闭着眼睛听 bìzhe yǎnjing tīng（目を閉じたまま聞く）

ⅲ．姿勢・着衣を表す動作と、一部の形容詞（動作1の表す姿勢や状態の中で、動

作2を実行)

例3 **坐着聊天儿** zuòzhe liáotiānr（座っておしゃべりする）
穿着校服去上学 chuānzhe xiàofú qù shàngxué（制服を着て学校に行く）
红着眼睛说 hóngzhe yǎnjing shuō（目を赤くして話す）

上記3種類のほか、"忙着准备饭"（食事の準備で忙しい）、"急着回家"（帰宅に急ぐ）、"接着说"（続けて話す）、"看着办"（見計らってやる）など慣用性の高い表現も多く、様態や原因・目的などを表す。

例4 **该说的我都说了，你看着办吧**。Gāi shuō de wǒ dōu shuō le, nǐ kànzhe bàn ba.
（一応忠告はしたから、後はどうなっても知らないよ）

練習問題

括弧内の語句を使って中国語に訳しましょう。

① もう10分過ぎたが、彼はまだ何を注文するか迷っている。（过去、在、犹豫）

② 言い伝えによると、哲学者の老子は牛に乗って諸国を巡ったそうだ。（传说、着、游历）

段段秋色

本場の中国語ワンフレーズ

月光族 その「月」暮らし族

月給をその月のうちに使い切ってしまう人たちのこと。"光"は"花光"（（お金を）使い果たす）、"卖光"（売り切れる）のように使われ、「何も残っていない」という意味の結果補語。会社勤めの若者に多い"月光族 yuèguāngzú"に関係する言葉は、"啃老族 kěnlǎozú"（親のスネかじり族）。"啃老族"は職はあるものの、賃金が低いため生活費だけで"月光"になり、実家で暮らしたり親の力を借りて家族を養ったりしている人が多い。なお、いずれも「浪費家」や「ニート」のイメージが強い言葉で、決して言われて嬉しい称号ではない。

第23课 天津 名吃——"狗不理"包子
Tiānjīn míngchī "Gǒubùlǐ" bāozi

回到 天津，我 最 想 吃 的 东西 就 是 天津 名吃
Huídào Tiānjīn, wǒ zuì xiǎng chī de dōngxi jiù shì Tiānjīn míngchī

"狗不理" 包子。"狗不理" 是 一 家 吸引了 众多 游客 的
"Gǒubùlǐ" bāozi. "Gǒubùlǐ" shì yì jiā xīyǐnle zhòngduō yóukè de

名店。前不久 我 和 家人 来到了 这 家 久违 的 老店。
míngdiàn. Qiánbùjiǔ wǒ hé jiārén láidàole zhèi jiā jiǔwéi de lǎodiàn.

比起 日本 的 "肉包子"，"狗不理" 包子 稍微 小 一点，
Bǐqǐ Rìběn de "ròubāozi", "Gǒubùlǐ" bāozi shāowēi xiǎo yìdiǎn,

皮儿 和 馅儿 感觉上 也 更 紧实。一 笼 八 个 四十六 块
pír hé xiànr gǎnjuéshang yě gèng jǐnshi. Yì lóng bā ge sìshiliù kuài

钱。看上去 很 像 上海 名吃 "小笼包"，不过 要 大 一些。
qián. Kànshangqu hěn xiàng Shànghǎi míngchī "xiǎolóngbāo", búguò yào dà yìxiē.

来 天津，不 能 不 吃 "狗不理" 包子。热气 腾腾，汤汁 饱满。
Lái Tiānjīn, bù néng bù chī "Gǒubùlǐ" bāozi. Rèqì tēngtēng, tāngzhī bǎomǎn.

"烫 死 了!" 不过 "真 好吃!"
"Tàng sǐ le!" búguò "Zhēn hǎochī!"

前面 我 也 写过 了，天津 没有 日本 所谓 的 "天津饭"。
Qiánmiàn wǒ yě xiěguo le, Tiānjīn méiyǒu Rìběn suǒwèi de "tiānjīnfàn".

天津 临 海，所以 做 菜 常 用
Tiānjīn lín hǎi, suǒyǐ zuò cài cháng yòng

海产品，我 小时候 就 经常 吃 鱼。
hǎichǎnpǐn, wǒ xiǎoshíhou jiù jīngcháng chī yú.

段ちゃん特製！手作り肉まん

天津名物・包子！

　天津に戻ったら食べたいものの一つが、名物の「狗不理肉まん」です。「狗不理」は観光客も多い有名店。この間、久しぶりに家族と一緒に出かけました。

　日本の肉まんと比べると、「狗不理肉まん」は少し小ぶりで、皮がしっかりしていて具もぎっしり詰まっているという感じでしょうか。一籠に8つ入って46元（約820円）。上海名物の「小籠包」のようにも見えますが、それよりはもっと大きめ。天津に来たら「狗不理肉まん」を食べないわけにはいきません。熱々で肉汁たっぷり。「熱っ！」だけど、「すっごくおいしい！」。

　前にも書きましたが、日本にある「天津飯」というものは天津にはありません。天津は海に近いため、料理に海産物をよく使います。私も子どもの頃から魚料理をたくさん食べましたよ。

☞ 生词

- **名吃** míngchī：名物料理、ご当地グルメ
- **狗不理包子** Gǒubùlǐ bāozi：天津にある老舗の包子専門店（"**狗不理**"の意味は「犬でさえ見向きもしない」とされているが、実際の由来は、幼名が"**狗子**"の創業者が、肉まん作りに没頭するあまり、客に声をかけられても応えなかった（**不理**）というのが一般的）
- **吸引** xīyǐn：引きつける、集める　　● **众多** zhòngduō：〈書〉数多くの
- **久违** jiǔwéi：久しぶり（の）
- **老店** lǎodiàn：老舗
- **馅儿** xiànr：（餃子・肉まん・お菓子などの）中身、餡
- **紧实** jǐnshi：（材質などが）密度が高く、しっかりしている様子
- **笼** lóng：せいろ（"**笼屉** lóngtì"、"**蒸笼** zhēnglóng"とも）；〈量詞〉せいろに入っているものを数える
- **热气腾腾** rèqì tēngtēng：熱気が立ちのぼる、熱々の
- **汤汁** tāngzhī：（料理の）汁
- **饱满** bǎomǎn：充実している；満ち満ちている
- **烫** tàng：（やけどするほど）熱い

段段秋色

词语用法

(1) 仮定複文

中国語では「A なら B」のような仮定表現を作る際、典型的には"如果 A 就 B"のように"如果"などで A が仮定条件であることを明示し、接続副詞の"就"で前後をつなぐ。しかし日常会話では、本文例 1a のように仮定関係を明示する語を使わない仮定表現がむしろ多い。

例1
a. **来天津，不能不吃"狗不理"包子。**
   Lái Tiānjīn, bù néng bù chī "Gǒubùlǐ" bāozi.
   （天津に来たら、「狗不理肉まん」を食べないと）

b. **如果来天津，就不能不吃"狗不理"包子。**
   Rúguǒ lái Tiānjīn, jiù bù néng bù chī "Gǒubùlǐ" bāozi.

これは「意合法」と言い、本文の文脈では「天津に来る」と「肉まんを食べないと」との最も自然な論理関係は「仮定→結果」なので、それを明示する語を出さなくても相手が難なく理解できるという考え方。もちろん、1b のように接続語を入れてもよいが、必要ないものをなるべく削り落としたい日常会話では回りくどく感じる（書面語や正式場面での口語は別として）。ただ、「意合法」は例 2 のようにポーズを入れると成立しない場合も多い。

例2
不懂别插嘴！ Bù dǒng bié chāzuǐ!（わからなかったら口を出すな）
⇆??**不懂，别插嘴！** Bù dǒng, bié chāzuǐ!（??わからない。口を出すな）

例 1b の冗長さと例 2 の不可解になる恐れを同時に打ち消せる表現としては、例 3 のように前後の節が互いに関係することを示す（どんな関係かは示さない）"就"だけを使った仮定文がお勧め。

例3 **不行就算了。** Bù xíng jiù suàn le.（無理ならいいよ）

(2) 感情表現 "……死了"

「めっちゃ～、すっごく～！」のように、感嘆口調で程度が極端に高いことを表す。本文の"烫死了！"は、「熱っ！」と思わず悲鳴を上げる様子を表す。"……死了"は感情表現に使うため、名詞を修飾することはできない（⇒第 18 課）。

例1 **这是一道很辣的菜。** Zhè shì yí dào hěn là de cài.（これは辛い料理だ）
　　→×**这是一道辣死了的菜。** Zhè shì yí dào là sǐ le de cài.

"……死了"に入る形容詞は主に以下の 2 種類。なお、ii の場合は好ましくない意味のものに限る（"×暖和 [凉快 / 干净 / 好吃 / 香 / 容易] 死了"などは不可）。

ⅰ. 人間の感覚・感情：

例2 累、烦气、后悔、恶心、爽、舒服、开心……＋死了

ⅱ. 事物の性質・特徴：

例3 热、烫、冷、辣、苦、咸、脏、难吃、难、臭……＋死了

また、"……死了"はよく"……死我了"、"……死人了"の形で現れるが、意味は基本的に同じ（例：吓死我了! Xiàsǐ wǒ le!（あーびっくりしたー！））。

練習問題

括弧内の語句を使って中国語に訳しましょう。

① A: こないだ行ったあの店、すっごく混んでた。でも確かにおいしかった。（挤、前不久、"……死了"）

② B: それはそうだよ！ おいしくなかったら、どうしてあんなに多くの人を集められるの。（那是、吸引）

本場の中国語ワンフレーズ

肉包子打狗——有去无回　犬に投げつけた肉まん

直訳は「肉まんを犬に投げつける——行ったきり戻ってこない」。他人に与えた利益のお返しがない、または他人に貸したお金や物を返してもらえない状況を言う。このように2つの部分からなるかけ言葉は "歇后语 xiēhòuyǔ" と言い、上句は意味または発音を下句とかけている比喩的表現で、下句は上句に対する解説の形で、ある状況や道理を述べる。次のように上句だけを言って下句を自然と推察させることも多い。例：我上个月借他的钱, 他提都不提。—— 我看你这钱是 "肉包子打狗" 了。Wǒ shàng ge yuè jiè tā de qián, tā tí dōu bù tí. —— Wǒ kàn nǐ zhèi qián shì "ròubāozi dǎ gǒu" le.（先月彼に貸したお金、彼はその話に触れもしない。—— そのお金は「犬に投げつけた肉まん」だと思うよ）

段段秋色

打折 促销
Dǎzhé cùxiāo

位于天津市中心的南京路和滨江道这一街区，相当于将东京的银座和新宿合并在了一起。这里有很多百货商店、餐厅以及各种服装和饰品店。和我小的时候比起来，最近新增了很多大型商场，许多店铺也焕然一新。

之前回国的时候各大商场正在进行秋季打折促销。店内挂着"三折"的牌子。那么一百元的商品打"三折"是多少钱呢？日本打折是"减掉价格的X成"，所以你可能会觉得打"三折"是七十元，可实际上是三十元。日本人似乎被"折"这个字的意思弄糊涂了。

我在日本，第一次看到打折促销会场里写着"10%"时，也曾激动地想："就是说打'一折'！好便宜啊！"。后来才知道是减10%……原来中国和日本标示打折时的思维方式是相反的啊。

バーゲン

　天津中心部の南京路と濱江道があるエリアは、東京の銀座と新宿が一緒になったようなところで、デパートやレストラン、ブティックがいっぱい。私が子どもの頃と比べても、最近は大型の新しいデパートが増え、店も新しくなりました。

　先日帰国した時、デパートでは秋のバーゲンセール中でした。店内には"3折"などの表示があります。さて、100元の物が"3折"だとすると、いくらってこと？　日本のセールでは「〜割引」という考え方ですよね。なので、3割引で70元かなと思うかもしれませんが、実は30元。日本人は「折」という字の意味に惑わされてしまうようです。

　私も最初、日本のバーゲンで「10％」と書いてあるのを見て、「つまり"1折"、なんて安いんだろう！」と感激したことがありますが、後になって1割引だと知りました…。中国と日本では、バーゲンの表示の発想が逆なんですね。

☞ 生词

- **打折** dǎ//zhé：割引する（"打X折"で「X掛けにする」）
- **促销** cùxiāo：販売促進、販促
- **位于** wèiyú：〜に位置する
- **合并** hébìng：合併する、合わせる
- **以及** yǐjí：および、並びに
- **商场** shāngchǎng：デパート、百貨店
- **焕然一新** huànrányìxīn：〈成〉面目を一新する
- **成** chéng：10分の1、1割
- **糊涂** hútu：わけのわからない、頭が混乱する
- **激动** jīdòng：（感情が）高ぶる、感激する
- **就是说** jiùshi shuō：つまり
- **后来** hòulái：その後、後になって
- **原来** yuánlái：（それまでに気づかなかったことに気づいて）なんだ〜だったのか
- **思维** sīwéi：思考

段段秋色

なんと、90％オフ!?　ではありません…

词语用法

(1) 比較表現 "比起(来)"

比較表現の代表格として、"他比我高"のような"A 比 B……"の文型があげられるが、比較対象が目的語である場合、この文型は使えず (例 1)、代わりに "比起(来)" を用いる (例 2)。

例1　×我比咖啡(更)喜欢红茶。Wǒ bǐ kāfēi (gèng) xǐhuan hóngchá.
（私はコーヒーよりも紅茶が好きだ）
　　　×我(更)喜欢咖啡比红茶。Wǒ (gèng) xǐhuan kāfēi bǐ hóngchá.

例2　比起咖啡(来)，我更喜欢红茶。Bǐqi kāfēi (lái), wǒ gèng xǐhuan hóngchá.
（コーヒーと比べて、私は紅茶の方が好きだ）
　　　跟咖啡比起来，我更喜欢红茶。Gēn kāfēi bǐqilai, wǒ gèng xǐhuan hóngchá.

例 2 のように、"比起……(来)" と "跟 [和/与/同]……比起来" の 2 つの形がある。また、本文例 3 のように、比較する事態が複雑である場合も "比起(来)" を多用する。

例3　和我小的时候比起来，最近新增了很多大型商场，许多店铺也焕然一新。
Hé wǒ xiǎo de shíhou bǐqilai, zuìjìn xīn zēngle hěn duō dàxíng shāngchǎng, xǔduō diànpù yě huànrányìxīn.
（私が子どもの頃と比べ、最近は大型のデパートが新たに増え、店も新しくなった）
　　　×最近比我小的时候，新增了很多大型商场，许多店铺……
Zuìjìn bǐ wǒ xiǎo de shíhou, xīn zēngle hěn duō dàxíng shāngchǎng, xǔduō diànpù ……

(2) "弄＋結果補語"

"動詞＋結果補語"は"听懂"(聞く→わかる)、"打死"(殴る→死ぬ)のように「動作→結果」の事態を表すが、「壊す(？→壊れる)」、「きれいにする(？→きれいになる)」のように、原因となる動作が一つに特定し難い、または具体的な動作が想像し難い場合、中国語ではしばしば代動詞の "弄" を用いる (壊す(弄坏)、きれいにする(弄干净))。「代動詞」とは、日本語の「する」のように特定の動作を表さない動詞。ほかに "做"、"搞" などもあるが、"弄" はより口語的。

本文の "日本人似乎被 '折' 这个字的意思弄糊涂了" では、具体的にどのようにして "折" の意味に惑わされたか、という動作過程が考え難いので、"弄＋糊涂"（混乱する）の形を用いる。以下のように、動作が一つに特定し難い場合も "弄" などの代動詞を多用する。

例1　饭弄好 [做好] 了吗？
Fàn nònghǎo [zuòhǎo] le ma?
（食事の用意はできた？）

例2 A: 真弄不明白他是怎么想的。Zhēn nòngbumíngbái tā shì zěnme xiǎng de.
（彼が何を考えているか、どうしてもわからない）

B: 他可能什么也没想。Tā kěnéng shénme yě méi xiǎng.
（何も考えてないかもしれないよ）

練習問題

括弧内の語句を使って中国語に訳しましょう。

① デパートのものに比べると、ここは3、4割も安くなるよ。（比起(来)、成）

② 彼は君の彼氏じゃなかったのか。ごめん、勘違いしてた。（原来、"弄＋結果補語"）

本場の中国語ワンフレーズ

便宜没好货　安物買いの銭失い

　元々、"便宜没好货, 好货不便宜。Piányi méi hǎo huò, hǎo huò bù piányi."（安かろう悪かろう、よかろう高かろう）と対句になっているが、今は上句だけを言うことが多い。日本語でも「安物買いの銭失い」と言われるように、世界のどこにもありそうな考え方だが、近年、生産性や物流効率の向上、さらに新業態の出現などによって、本当に"物美价廉 wùměijiàlián"（〈成〉質がよくて値段も安い）ものやサービスが多くなってきた。例：这机票怎么这么便宜!?　我看是便宜没好货。—— 买得早, 所以便宜, 航空公司都一样。Zhèi jīpiào zěnme zhème piányi!? Wǒ kàn shì piányi méi hǎo huò. —— Mǎide zǎo, suǒyǐ piányi, hángkōng gōngsī dōu yíyàng.（この航空券、なんでこんなに安いの?!　安物にはいいものがないと思うけど。—— 早めに買ったから安いのよ。航空会社は同じだから）

段段秋色

出租车 真 便宜
Chūzūchē zhēn piányi

最近几年，天津的路上好像总在堵车。我小时候，马路上自行车和摩托车还挺多的，现在少多了，而汽车的数量则急剧增加。国民的生活富裕了，许多家庭都有车了。

当然，城市里还有很多出租车。中国不同的城市出租车的颜色也不尽相同。天津统一为浅蓝色，车型也大多是丰田。这是因为，在天津有一个丰田和中国企业合营的工厂，很多中国人在那儿工作。也就是说，天津的出租车也是天津产的哟。

在中国，打车的方法和日本差不多，只不过乘客要自己开关车门。还有一个不同是，一个人的时候很多人会选择坐在前排副驾驶席上。而最大的差异还得说是低廉的价格，天津出租车的起步价只要八元钱！这和日本可是天差地别呀。

タクシーが安い

　天津は最近、いつも道路が渋滞しているようです。私が子どもの頃は自転車やバイクがもっと多かったのですが、今は少なくなり、代わりに自動車の数がぐんと増えました。国民の生活が豊かになって、多くの家庭が車を持つようになったのです。

　もちろん、町にはタクシーもたくさん走っています。中国では町ごとにタクシーの色が違います。天津は薄いブルーで統一され、車の車種もほとんどがトヨタ車。というのも、天津には日中合弁のトヨタの工場があり、たくさんの中国人が働いているのです。つまり、タクシーも天津産なんです。

　乗り方は日本とほぼ一緒ですが、ドアは客が自分で開け閉めします。一人の時は前の助手席に座る人が多いのも日本と違うかな。それに何と言っても、最大の違いは、天津のタクシーは初乗り料金が8元（約140円）と安いこと！　これは日本と全然違いますね。

☞ 生词

- 堵车 dǔ//chē：渋滞（する）
- 摩托车 mótuōchē：オートバイ、二輪車
- 急剧 jíjù：急激な［に］
- 富裕 fùyù：裕福である
- 车型 chēxíng：車種
- 丰田 Fēngtián：トヨタ（自動車）
- 合营 héyíng：共同経営（する）；合弁（する）
- 打车 dǎ//chē：タクシーに乗る
- 差不多 chàbuduō：たいして違わない
- 选择 xuǎnzé：選択する、選ぶ
- 排 pái：列
- 副驾驶席 fùjiàshǐxí：助手席（口語では"副驾驶"とも）
- 差异 chāyì：違い
- 低廉 dīlián：〈書〉安い、安価である
- 起步价 qǐbùjià：初乗り料金
- 天差地别 tiānchādìbié：〈成〉大きく違う、雲泥の差

手をあげれば止まってくれますよ

段段秋色

词 语 用 法

(1)「数量形容詞」"很多"の特殊な用法
"很多"は、"很好"、"很热"など事物の「性質・特徴」を表す一般の"很＋形容詞"と違って「数量」を表し、意味上は"一个"、"三本"、"一些"などの数量詞に近い。そのため、名詞を修飾する時は一般の形容詞のように"的"を入れてもいいが、むしろ数量詞と同様、入れない方が一般的。

> **例1** a. 《一般の形容詞》×很好人 → 很好的人 hěn hǎo de rén（とてもいい人）
> b. 《数量形容詞》很多 (的) 人 hěn duō (de) rén（とても多くの人）

実際、"很多"だけでなく、"许多"、"不少"、"好多"など「たくさんの、多くの」を意味する語はほぼ同じように使える。ただし、原則として2音節語でなければならない。本文に出てくる例を書き換えると次のようになる。

> **例2** 城市里还有很多 [不少 / 好多 / 非常多的] 出租车。
> Chéngshìli hái yǒu hěn duō [bùshǎo / hǎoduō / fēicháng duō de] chūzūchē.
> （町にはタクシーもたくさんある）

> **例3** 许多 [较多 / 挺多 / 比较多的] 家庭都有车了。
> Xǔduō [Jiào duō / Tǐng duō / Bǐjiào duō de] jiātíng dōu yǒu chē le.
> （多くの家庭が車を持つようになった）

(2) 対比を表す "则"
文語調の表現で、「(Aは〜、その一方) Bは〜」といった具合に「対比」のニュアンスを表す。本文の"自行车和摩托车……现在少多了，而汽车的数量则急剧增加"では、「自転車やバイクが少なくなった」のに対し「車の数が急増した」と両者を対比して述べている。"则"は副詞なので、文頭ではなく、必ず主語と述語の間に位置する点に注意（例1）。

> **例1** 人的左脑掌管理性与逻辑思维，右脑则负责知觉和感性。
> Rén de zuǒnǎo zhǎngguǎn lǐxìng yǔ luójí sīwéi, yòunǎo zé fùzé zhījué hé gǎnxìng.
> （人間の左脳は理性と論理的思考を司り、一方、右脳は知覚と感性を担当する）

「対比」のほか、「(〜なら) それでは〜」のように仮定条件や因果関係を含む複文の後半に使う用法もある。この場合、"则"は文頭に来ることもあるが、"就"または"便"との呼応が必要。

> **例2** 上下班不开车，堵车则不会这么严重。
> Shàng xià bān bù kāi chē, dǔchē zé bú huì zhème yánzhòng.
> → ……则堵车就 [便] 不会这么严重。
> …… zé dǔchē jiù [biàn] bú huì zhème yánzhòng.
> （通勤に自家用車を利用しなければ、渋滞はここまでひどくないだろう）

また、文語調の表現であるため、以下のような慣用句に使われることも多い。

例3 别着急，欲速则不达。
Bié zháojí, yù sù zé bù dá.
（あまり急ぐなよ。せいては事をし損じるだろう）

練習問題

括弧内の語句を使って中国語に訳しましょう。

① 公共交通は快適性と利便性に欠けているため、多くの人は車で通勤することを選んだ。（舒适度、便利性、缺乏、选择）

_____

② この姉妹は顔つきはそっくりだが、性格は全然違う。（长相、一模一样、则、天差地别）

_____

本場の中国語ワンフレーズ

黑车　白タク

　中国語では、"黑户 hēihù"（戸籍のない所帯）、"黑市 hēishì"（闇市）、"黑社会 hēishèhuì"（マフィア組織、暴力団）のように、"黑……"は「闇の〜、違法な〜」といった意味を表す。そのため、"黑车"は偶然にも「白タク」と反対の色で同じ意味を表す。

　中国では"黑车"は日本よりもずっと多く、人出の多い場所の道端に複数の自家用車が群がっていて、さらに車の隣に人が何気なく立っていたら十中八九間違いない。値段交渉できるので、現地の人は時に割安で乗せてもらうが、相乗りさせられたりもする。観光客はぼられるリスクもあるので、普通のタクシーがお勧め。例：咱们还是别打黑车了。去前面找一辆正规的吧。Zánmen háishi bié dǎ hēichē le. Qù qiánmian zhǎo yí liàng zhèngguī de ba. （やっぱり白タクはやめよう。前の方で普通のタクシーを見つけよう）

段段秋色

107

第26课 买东西要"讲价"
Mǎi dōngxi yào "jiǎngjià"

天津是一座有历史的城市。特别是"古文化街"一带，再现了一百多年前清代的街景，这里的商店还出售各种传统工艺品、书籍和小玩意儿什么的。来天津的游客一定会到这里来转一转，有的人还一边吃着天津特产"十八街麻花"一边逛。"麻花"是一种点心，把面拧成螺旋状后油炸，再蘸上糖，有各种大小和口味。我喜欢吃不甜的。

给日本事务所工作人员的礼物也在这里找到了。是一种可以永久使用的火柴，虽然不知道是什么原理，不过挺有意思的，就买了两个。在日本买东西，一般按标价付钱就行了，在中国则要先讲价。我问店员："多少钱？""八块""两个十块怎么样？""那可不行，十四块""再便宜点儿！""真没办法，那就十二块吧"……像这样讲价才是中国人买东西的方式。不过，其实我并不擅长讲价。会讲价的人买东西更便宜呢。

買い物は「かけあい」で

　天津は歴史ある町です。特に「古文化街」という一角は100年以上前の清の時代の町並みが再現されていて、お店では伝統工芸品や本、おもちゃなどを売っています。天津に来た観光客は必ずこの辺りを散歩して、名物のお菓子「十八街麻花」を食べながら歩く人もいます。「麻花」は小麦粉の生地をらせん状にねじって揚げ、アメをからめたお菓子ですが、色んな大きさ、味があります。私は甘くないのが好きですね。

　日本の事務所のスタッフ用のお土産もここで見つけました。永久に使えるマッチだそうです。どういう仕組みかわかりませんが、面白かったので2個買うことに。日本なら普通、値札の通りでしょうが、中国ではまずは値段交渉。お店の人に「いくら？」「8元だよ」「2個で10元はどう？」「それは無理だよ、14元」「もう一声！」「仕方ないなあ、じゃあ12元」…こんなふうにして交渉するのが中国式です。でも、実は私は値段交渉が苦手。上手な人はもっと安く買えますよ。

生词

- 讲价 jiǎng//jià：かけあう、値段交渉をする
- 出售 chūshòu：〈書〉販売する
- 玩意儿 wányìr：おもちゃ
- 转 zhuàn：うろつく、ぶらぶらする
- 逛 guàng：ぶらぶら歩く、見物する
- 拧 nǐng：ひねる、ねじる
- 螺旋 luóxuán：らせん
- 蘸 zhàn：（液体や粉末に）さっとつける；まぶす
- 口味 kǒuwèi：（食べ物の）味の種類；（食べ物などに対する）好み
- 火柴 huǒchái：マッチ
- 标价 biāojià：（正札に付けた）値段
- 擅长 shàncháng：堪能である、得意である

段段秋色

100軒もの店が並び、お土産探しにもぴったり

词语用法

(1)「モノ」的な日本語と「コト」的な中国語
本文に出てきた例の中国語 (a) と日本語訳 (b) を比べてみよう。

例1 a. 有的人还一边吃着天津特产的"十八街麻花"一边逛。
Yǒude rén hái yìbiān chīzhe Tiānjīn tèchǎn de "Shíbājiē máhuā" yìbiān guàng.
b. 天津名物のお菓子「十八街麻花」を食べながら歩く人もいる。

例1a を直訳すると「一部の人が天津名物の「十八街麻花」を食べながら歩く」となるが、どこか拙く、b の方がだいぶ自然。逆に、b の日本語を"一边吃天津特产"十八街麻花"一边逛的人也有。"のように直訳すると、中国語としてまた不自然。

日本語は「連体修飾語＋名詞」のような名詞表現が得意（「モノ」的）であるのに対し、中国語は長い修飾語が苦手なため、多くの場合「主語名詞＋述語」のような「コト」的な表現で事態を伝える。特に、例 2b の日本語のように修飾語が複雑な場合、「主語＋述語，述語文…」のように単文を数珠繋ぎ式に連ねてゆく表現形式を用いることが多い（例 2a）。

例2 a. "麻花"是一种点心，把面拧成螺旋状后油炸，再蘸上糖……
"Máhuā" shì yì zhǒng diǎnxin, bǎ miàn nǐngchéng luóxuán zhuàng hòu yóuzhá, zài zhànshang táng ……
b. 「麻花」は<u>小麦粉をねじって揚げ</u>、<u>アメをからめた</u>お菓子で…

(2)「上手さ・要領のよさ」を表す"会"
"会"は典型的に"游泳"、"开车"などの技能を表す語に前接し、その技能を既に習得していることを表すが、"说话"、"过日子"（暮らす）など、通常わざわざ習わない「非技能的」な行為を表す動詞に前接する場合、「～がうまい、～に関して要領がよい」という意味を表す（本文例 1）。

例1 会讲价的人买东西更便宜呢。
Huì jiǎngjià de rén mǎi dōngxi gèng piányi ne.
（かけあいのうまい人ならもっと安く買えるよ）

"真会说话"（口がうまいね）、"很会看人"（人を見る目がある）のように程度副詞と共起することが多く、否定は"他不会穿衣服"（彼は服選びのセンスが悪い）のように"不"を使う。一方、"游泳"など典型的な技能については、「上手さ」を表す"会"は使い難いので注意。

例2 ??他很会游泳[开车 / 说英语]。
Tā hěn huì yóuyǒng [kāi chē / shuō Yīngyǔ].

→ 他游泳游得 [(开) 车开得 / (说) 英语说得] 很好。
Tā yóuyǒng yóude [(kāi) chē kāide / (shuō) Yīngyǔ shuōde] hěn hǎo.
(彼は水泳［運転／英語］がとてもうまい)

また、「要領がよい」と同様に、"会" は「処世術に長ける」ことを表すこともできる。

例3 老李真会做人，谁都不得罪。
Lǎo Lǐ zhēn huì zuòrén, shéi dōu bù dézuì.
(李さんは世渡りがうまいね。誰にも気を悪くさせない)

練習問題

括弧内の語句を使って中国語に訳しましょう。

① 小麦粉で作った主食が好きで、甘い料理が苦手な北方人の私、どうしても上海料理の味に慣れない。(面食、吃不惯、怎么也、口味)

② 彼は料理を作るのは得意じゃないが、かなりのグルメ（＝食べるのは上手）だ。(擅长、会)

本場の中国語ワンフレーズ

讨价还价　駆け引き

　本来は「値段交渉をする」という意味。"讨 tǎo" は「求める」の意で、"讨价 tǎo jià" は売り手がとりあえずの値段を提示すること。"还 huán" は「返す」の意で、"还价 huán jià" は買い手が売り手の言い値を元に値段を言い返すこと。今や値段交渉に限らず、条件を出し合いながら駆け引きをすること、さらに猶予などを求めるよう相談することなども表す。例：报告明天必须交给我，不能讨价还价。Bàogào míngtiān bìxū jiāo gěi wǒ, bù néng tǎojiàhuánjià.（報告書は明日必ず提出して。交渉の余地はないぞ）

段段秋色

我想吃火锅！
Wǒ xiǎng chī huǒguō!

秋意渐浓，又是吃火锅的季节啦。日本也有
Qiūyì jiàn nóng, yòu shì chī huǒguō de jìjié la. Rìběn yě yǒu

各种各样的火锅，比如什锦火锅、日式牛肉火锅、"呷哺呷哺"
gèzhǒnggèyàng de huǒguō, bǐrú shíjǐn huǒguō, rìshì niúròu huǒguō, "xiābuxiābu"

（日式涮锅）、朝鲜泡菜火锅（这是韩国的吧）。我也
(rìshì shuànguō), Cháoxiān pàocài huǒguō (zhè shì Hánguó de ba). Wǒ yě

曾经从超市买来火锅底料、蔬菜、鱼和鸡肉什么的自己
céngjīng cóng chāoshì mǎilái huǒguō dǐliào, shūcài, yú hé jīròu shénmede zìjǐ

做过哦。刚来日本的时候，我住在东京的"两国"，附近
zuòguo o. Gāng lái Rìběn de shíhou, wǒ zhùzài Dōngjīng de "Liǎngguó", fùjìn

有好几家大相扑什锦火锅店。如果做"段式什锦火锅"
yǒu hǎojǐ jiā dàxiāngpū shíjǐn huǒguō diàn. Rúguǒ zuò "Duànshì shíjǐn huǒguō"

的话，我还是有点自信的!
dehuà, wǒ háishi yǒudiǎn zìxìn de!

中国这个季节也开始吃火锅了。最有人气的是
Zhōngguó zhèi ge jìjié yě kāishǐ chī huǒguō le. Zuì yǒu rénqì de shì

"四川火锅"。这种火锅不是炖煮，而是像"呷哺呷哺"，
"Sìchuān huǒguō". Zhèi zhǒng huǒguō bú shì dùnzhǔ, ér shì xiàng "xiābuxiābu",

不过锅的形状很有特点。正中间有一个S形的
búguò guō de xíngzhuàng hěn yǒu tèdiǎn. Zhèng zhōngjiān yǒu yí ge S xíng de

隔板将圆形的锅分成两半，一边的汤是红色的，另
gébǎn jiāng yuánxíng de guō fēnchéng liǎngbàn, yìbiān de tāng shì hóngsè de, lìng

一边是白色的，味道不一样。红汤非常辣，吃的时候
yìbiān shì báisè de, wèidào bù yíyàng. Hóngtāng fēicháng là, chī de shíhou

要注意。放羊肉比较好吃。这种火锅能同时品尝
yào zhùyì. Fàng yángròu bǐjiào hǎochī. Zhèi zhǒng huǒguō néng tóngshí pǐncháng

两种味道，不会吃腻哟。
liǎng zhǒng wèidào, bú huì chīnì yo.

鍋が食べたい〜

　秋も深まってくると、鍋が恋しい季節です。日本には色々な鍋がありますね。寄せ鍋、すき焼き、しゃぶしゃぶ、キムチ鍋（これは韓国のものですかね）。私もスーパーで鍋の素と野菜、魚、鶏肉などを買ってきて、自分で作ったこともありますよ。日本に来てすぐの頃、東京の両国に住んでいましたから、近くにはちゃんこ屋さんが何軒も。「段チャン風ちゃんこ鍋」にはちょっと自信があります！

　中国でもこの季節は鍋を食べることが多くなります。最も人気があるのが「四川火鍋」。煮込む鍋というよりしゃぶしゃぶといった感じですが、鍋の形に特徴があります。丸い鍋の真ん中がS字状の仕切りで分かれていて、一方のスープは赤、もう一つは白と味が違います。赤い方はかなり辛いのでご注意を。羊肉を入れるとおいしい。これだと2つの味が楽しめるので、飽きなくていいですよ。

☞ 生词

- **火锅** huǒguō：中国式しゃぶしゃぶ（"涮锅(子)"、"涮(羊)肉"とも）；鍋料理全般
- **秋意渐浓** qiūyì jiàn nóng：秋の気配が次第に深まる
- **什锦** shíjǐn：色々な具材をとり合わせた（料理・食品）
- **呷哺呷哺** xiābuxiābu：〈新〉しゃぶしゃぶ
- **涮** shuàn：（生の食材を）熱湯にさっとくぐらせる
- **朝鲜泡菜** Cháoxiǎn pàocài：キムチ（"韩国[韩式]泡菜"とも）
- **火锅底料** huǒguō dǐliào：鍋の出汁
- **炖** dùn：（とろ火で長時間）煮込む、煮詰める
- **煮** zhǔ：茹でる、煮る
- **隔板** gébǎn：仕切り板
- **另** lìng：（"另＋数量詞"の形で）ほかの、別の
- **品尝** pǐncháng：味わう；吟味する
- **腻** nì：飽きる、飽き飽きする

段段秋色

赤い方は唐辛子たっぷり！色んな具材を入れて楽しみます

113

词语用法

(1)「数量の強調」を表す"好"

"好＋数量表現"は数量の多さを強調するための表現。本文の"好几家大相扑什锦火锅店"(何軒ものちゃんこ屋)では、数の多さを強調している。日本語の「〜も」と違い、"好"は特定の数量の強調には使用できず、主に"好＋几＋量詞"の形で現れる。

例1 他有好几千万元[×好八千万元]的财产。
Tā yǒu hǎojǐ qiānwàn yuán [×hǎo bā qiānwàn yuán] de cáichǎn.
(彼は何千万元も[×8千万元も]の財産を有している)

また、"好"は不定の概数を表す"些"(いくらか、若干の)や、"半天"、"一会儿"、"一阵子 yízhènzi"など漠然とした時間の長さを表す時間詞に前接し、強調を表すこともできる。

例2 昨天我们公司来了好些人。Zuótiān wǒmen gōngsī láile hǎoxiē rén.
(昨日うちの会社にたくさんの人が来た)

例3 我等了你好半天了。Wǒ děngle nǐ hǎo bàntiān le.
(ずいぶん長い時間あなたを待っていたよ)

例4 他走了好一会儿了。Tā zǒule hǎo yíhuìr le.(彼が行ってからもう結構経った)

(2) "……的"の後の被修飾語の省略

中国語では、本文の"最有人气的是'四川火锅'"(一番人気なのは「四川火鍋」)のように、"的"の後の名詞が自明である場合、よく省略される。日本語で「の」の後の名詞が省略される現象と基本的に同じだが、中国語では日本語よりも、この"的"による被修飾語の省略が色々な場面で頻繁に使用されている(本文例1)。

例1 这是韩国的吧。Zhè shì Hánguó de ba.
(これ(＝キムチ鍋)は韓国の(もの)ですかね)

例1の中国語では"……的"を使うのに対し、和訳は「〜のもの」とした方が自然。また、次のように"……的"の形をとる普通名詞や慣用性の高い表現も多い。

例2 男的 nánde(男性)／女的 nǚde(女性)／吃的 chī de(食べ物)／喝的 hē de(飲み物)／好吃的 hǎochī de(おいしいもの)

例3 教书的 jiāoshū de(教師)／看大门的 kàn dàmén de(警備員)／卖东西的 mài dōngxi de(店員)／做生意的 zuò shēngyi de(商売人)

以下の"听我的"、"听你的"は「私の言うこと」「あなたの言うこと」の意で、口語で使われる慣用的な表現。

114

例4
A：这次你就听我的吧。绝对没错！Zhèi cì nǐ jiù tīng wǒ de ba. Juéduì méi cuò!
（今回は私の言うこと聞いて。絶対に大丈夫だから）
B：好，那我听你的。Hǎo, nà wǒ tīng nǐ de.
（わかったよ。それじゃ、あなたの言う通りにする）

練習問題

括弧内の語句を使って中国語に訳しましょう。

① もう何日も食べているから、とっくに飽きたよ。（"好＋数量表現"、早就、腻）

② 辛いのが好きな人は赤い方を食べ、好きでない人はもう一方を食べる。（"……的"、另）

本場の中国語ワンフレーズ

上火 体に熱がこもる

　漢方医学の考え方では、人間の体内には「陽」と「陰」の力があり、そのバランスが重要。陽が強すぎると"上火"、陰に傾きすぎると体が冷えたりする。どちらも免疫力が低下している一種の「未病」状態。特に"上火"に関しては、中国人のほとんどが日常的に留意して過ごしている。
　"上火"の典型的な症状は、口内炎、口唇周辺のできもの、便秘、尿が濃く黄色など。原因はストレスや不摂生な生活、それに何と言っても食生活。体を温める食物がたいてい上火しやすく、辛くて熱々な四川火鍋は正にその代表格。ほかに柑橘類やライチなどの果物も意外と上火しやすい食品で有名。湿っぽい南方よりも乾燥する北方ではより上火しやすいので、火鍋の後はスイカ、胡瓜、冬瓜、ゴーヤなどの"去火"（熱を冷ます）食品を食べること、または伝統の梅味清涼飲料を飲みながら火鍋を楽しむのがお勧め。例：火锅容易上火，点酸梅汤吧。Huǒguō róngyì shànghuǒ, diǎn suānméitāng ba.（火鍋は上火しやすいから、「酸梅湯」を注文しよう）

段段秋色

红叶 好 漂亮 啊!
Hóngyè hǎo piàoliang a!

又 到 红叶 争艳 的 季节 了。几 年 前 我 去过 一 次
Yòu dào hóngyè zhēngyàn de jìjié le. Jǐ nián qián wǒ qùguo yí cì
栃木 县 的 日光,漫山遍野 的 树木 正 陆续 转 红,
Lìmù xiàn de Rìguāng, mànshānbiànyě de shùmù zhèng lùxù zhuǎn hóng,
呈现出 各 种 颜色,非常 非常 漂亮。
chéngxiànchū gè zhǒng yánsè, fēicháng fēicháng piàoliang.

当然,在 中国 到 秋天 人们 也 会 赏 红叶。北京 附近,
Dāngrán, zài Zhōngguó dào qiūtiān rénmen yě huì shǎng hóngyè. Běijīng fùjìn,
香山 公园 是 赏 红叶 的 好 去处。我 上 小学 的 时候,
Xiāngshān gōngyuán shì shǎng hóngyè de hǎo qùchù. Wǒ shàng xiǎoxué de shíhou,
也 和 家人 一起 去过。乘坐 缆车 朝 山顶 进发,俯瞰 红叶
yě hé jiārén yìqǐ qùguo. Chéngzuò lǎnchē cháo shāndǐng jìnfā, fǔkàn hóngyè
遍布 的 山林,非常 漂亮。在 中国,享受 红叶 的 情趣
biànbù de shānlín, fēicháng piàoliang. Zài Zhōngguó, xiǎngshòu hóngyè de qíngqù
是 以 观赏 为主。
shì yǐ guānshǎng wéizhǔ.

与 此 不 同,日本 的 秋季 会 随处 装点 红叶,非常
Yǔ cǐ bù tóng, Rìběn de qiūjì huì suíchù zhuāngdiǎn hóngyè, fēicháng
特别。秋季 的 时令 菜肴 也 会 配上 红透了 的 枫叶 作为
tèbié. Qiūjì de shílìng càiyáo yě huì pèishang hóngtòule de fēngyè zuòwéi
点缀。只 是 这样 一 个 点缀,秋天 的 气氛 便 骤然 深了
diǎnzhuì. Zhǐ shì zhèyàng yí ge diǎnzhuì, qiūtiān de qìfēn biàn zhòurán shēnle
许多。此外,当然 就 是 温泉 了。泡在 热气 腾腾 的
xǔduō. Cǐwài, dāngrán jiù shì wēnquán le. Pàozài rèqì tēngtēng de
温泉中 观赏 红叶,好 舒服 啊……不过,我 今年 太 忙
wēnquánzhōng guānshǎng hóngyè, hǎo shūfu a…… Búguò, wǒ jīnnián tài máng
了,抽不出 时间。有 谁 能 带 我 去 看 红叶 啊……
le, chōubuchū shíjiān. Yǒu shéi néng dài wǒ qù kàn hóngyè a……

紅葉がきれい！

　紅葉がきれいな季節になりましたね。何年か前に栃木県の日光へ行ったことがありますが、山の木々が様々な色に紅葉し、すごくきれいでした。

　もちろん、中国でも秋になると人々は紅葉を楽しみます。北京周辺では香山公園が紅葉の名所です。私も小学生の頃、家族と一緒に行きました。ゴンドラに乗って山頂に向かうと、一面に紅葉した山がきれいです。中国では紅葉は見て楽しむのが中心です。

　それに比べて、日本ではこの季節、あちこちが紅葉で彩られる様子が格別です。旬の料理にも真っ赤なもみじが添えられますね。それだけで秋の気分がぐっと深まります。それと、何といっても温泉。温かい温泉につかりながらの紅葉見物は最高です。でも、今年は忙しくて時間が取れません。誰か、私を紅葉に連れてって…。

☞ 生词

- **争艳** zhēngyàn：美しさを競う、みな美しい
- **漫山遍野** mànshānbiànyě：〈成〉野にも山にも（たくさんある）
- **陆续** lùxù：続々と　　**转** zhuǎn：変える；変わる　　**呈现** chéngxiàn：現す；現れる
- **去处** qùchù：ところ、場所（"**不错**"など好ましい意味の形容詞の修飾を受ける）
- **朝** cháo：〈介詞〉～に向かって　　**进发** jìnfā：（集団や車が）出発する、進む
- **遍布** biànbù：至るところに分布する　　**以** yǐ……**为主** wéizhǔ：～を主とする
- **与此不同** yǔ cǐ bù tóng：それと違って　　**装点** zhuāngdiǎn：飾り付ける
- **时令** shílìng：季節（の）
- **菜肴** càiyáo：〈書〉料理
- **配** pèi：添える、（あしらって）引き立たせる
- **点缀** diǎnzhuì：飾りを添える；飾り
- **便** biàn：～であれば～だ；すぐに～（副詞 "**就**" の文語）
- **骤然** zhòurán：にわかに、たちまち
- **抽** chōu：（時間を）作る

鮮やかに色づいたもみじに秋を感じますね

段段秋色

词语用法

(1) "……的时候"

「～する時、～の時」という意味で、特定の時点を指定するための表現。日本語の「～の時」と違って、"……的时候"は主に動詞句に後接し、名詞に後接し難い。例えば、本文の「小学生の時」は"上小学的时候"(小学校に通っていた時) と訳され、"小学生的时候"と直訳することはできない。ただし、時期や出来事を表す一部の名詞には後接できる (例1、例3)。

	事物名詞	動詞句	時期・出来事を表す名詞
例1	×小学生的时候	上小学的时候	《時期》小学的时候
例2	×大雨的时候	下大雨的时候	
例3		吃晚饭的时候	《出来事》晚饭的时候

書面語ではしばしば"……时"の形をとるが、"……的时候"では"的"が必須であるのに対し、"……时"では"的"が入らない (上小学时 ⇆ ×上小学的时)。また、"当 dāng ……的时候 [时]"の形でもよく使われるが、"当"の後は"主語＋動詞句"しか入らない (例4)。

例4　×当小学的时候 [时] dāng xiǎoxué de shíhou [shí]
　　　×当上小学的时候 [时] dāng shàng xiǎoxué de shíhou [shí]
　→○当他上小学的时候 [时] dāng tā shàng xiǎoxué de shíhou [shí]

(2) 結果補語の "透"

"透"は元々「通る；突き抜ける」という意味で、結果補語として動詞や一部の形容詞に後続する場合、主に以下の3つの用法がある。

ⅰ．ある事物 (固体、液体、光線など) が、ほかの事物を「通過・貫通・浸透する」ことを表す。

例1　笔尖扎透了报纸。Bǐjiān zhātòule bàozhǐ. (ペン先が新聞紙を突き抜けた)
例2　眼泪浸透了手绢。Yǎnlèi jìntòule shǒujuàn. (涙がハンカチに染み込んだ)
例3　阳光映透了山林。Yángguāng yìngtòule shānlín. (太陽光が山林に差し込んだ)

ⅱ．認知活動を表す動詞に後接し、「(背後の真実や道理などを) 見抜く・会得する」の意を表す。

例4　我真看不透他。Wǒ zhēn kànbutòu tā. (彼の本当の考えは (どうしても) わからない)

ⅲ．「十分に、完全に」という意味で、前接の動詞や形容詞の表す状態が徹底して

いる様子を表す。

例5 苹果还没熟透呢。Píngguǒ hái méi shútòu ne.（リンゴはまだ完全に熟していないよ）
例6 这场雨真是下透了！Zhèi chǎng yǔ zhēnshi xiàtòu le.
（今回の雨は気持ちいいくらいによく降った）

本文の"红透了的枫叶"はⅲの用法で、「すっかり紅葉したカエデの葉」の意。

練習問題

括弧内の語句を使って中国語に訳しましょう。

① 大学の時は、学生は勉強を主とするべきだ。（"……的时候"、"以……为主"）

② ここの冬は夜が長い。4時になると外はもうすっかり暗くなった。（便、"……透了"）

本場の中国語ワンフレーズ

秋裤　ズボン下

　直訳は「秋のパンツ」、寒い時期に下着として重ねばきする長いズボンのことで、南方では"棉毛裤 miánmáokù"とも言う。中国では90年代までは防寒必須アイテムとして大半の人がはいていたが、ある有名人の発言をきっかけに、近年"秋裤 qiūkù"は下半身が太って見えるなどの理由から「ダサい」の代名詞となり、多くの若者から嫌われるようになった。「はく派（秋裤党）」と「はかない派」の論争が今でもネット上で続き、有名な詩をもじった"秋裤体"の替え詩まで作られている。以下で有名な一句を紹介する：世界上最遥远的距离，不是生与死，而是我站在你面前，你却不知道我穿了秋裤。Shìjièshang zuì yáoyuǎn de jùlí, bú shì shēng yǔ sǐ, érshì wǒ zhànzài nǐ miànqián, nǐ què bù zhīdào wǒ chuānle qiūkù.（この世界で最も遠い距離は、生と死ではなく、君の前にいるズボン下をはいた私と、それに気づいていない君）

段段秋色

119

第29课 我感冒了
Wǒ gǎnmào le

天气冷了，我终于也感冒了。大概是因为前几天一直在大学校园里拍外景闹得。又发烧、又流鼻涕、嗓子也疼，最要命的是咳嗽，发不出声音来，影响我的工作。该怎么办才好啊？听摄制组的日本工作人员说，可以把葱切碎了敷在咽喉上。从来没听说过这种治疗方法！

在中国，一般会喝用冰糖和梨煮成的梨水，或者喝用生姜和红糖煮成的姜糖水。也有人用可乐代替红糖。西医认为，发烧的时候应该用局部降温的方法退烧。而中医则相反，认为发烧的时候才更应该摄入温热的东西，保温进而发汗，让身体自行将不好的东西排出来。现在日本这两种方法好像都有，我爸爸是中医，所以我家主要用中医的方法。

風邪を引いたよ〜

　寒くなりましたね。ついに、私も風邪を引いてしまいました。たぶん、この間大学であったロケでずっと外に出ていたのがよくなかった。熱は出るし、鼻水は出るし、のどは痛いし。何と言っても、咳が出て声が出ないのは、私としては仕事に支障が出ます。どうすればいい？ 日本のスタッフによると「ネギを刻んでのどに当てればいいよ」だそうです。えー、そんな治療方法、聞いたことない！

　中国では、角砂糖と梨を煮込んだものや、生姜と黒糖を入れて煮込んだものを飲みます。黒糖の代わりにコーラという人も。西洋医学では熱が出た時は患部を冷やして熱を冷ますという考え方ですが、中国の漢方は逆。熱がある時こそ熱いもので体中を温めて汗をかき、自分の力で体の中の悪いものを外に出す、という考えです。今の日本ではどちらの方法もあるようですが、我が家は父が漢方医なので、漢方の方法が主流です。

👉 生词

- **外景** wàijǐng：ロケーション撮影
- **闹得** nàode：（〜の結果）〜になる
- **鼻涕** bítì：鼻水
- **要命** yào//mìng：大変である、困る
- **咳嗽** késou：咳をする
- **影响** yǐngxiǎng：影響を及ぼす
- **摄制** shèzhì：（映画などを）撮影・制作する
- **切碎** qiēsuì：細かく切る、みじん切りにする
- **敷** fū：（薬などを患部に）当てる、つける
- **从来** cónglái：これまで（ずっと）；普段から、いつも（主に否定文に用いる）
- **红糖** hóngtáng：黒砂糖、赤砂糖
- **代替** dàitì：〜に代える、とって代わる
- **退烧** tuì//shāo：熱を下げる；熱が下がる
- **摄入** shèrù：摂取する
- **进而** jìn'ér：さらに、その上で
- **自行** zìxíng：（2音節語の前に用いて）自分で；自ら；自然に

のどが痛くて声が出ない〜

段段秋色

词语用法

（1）悪い結果を表す"闹得"

「（〜が原因で）結局〜になった」という意味で、「出来事→結果」のような因果関係を表す程度補語（⇒第17課）。一般の程度補語と違い、この"闹"は特定の動作を指定しない「代動詞」（⇒第24課）の一つ。

例1 a. 孩子的哭声○吵得 [○闹得] 我睡不着。
Háizi de kūshēng ○chǎode [○nàode] wǒ shuìbuzháo.
（子どもの泣き声がうるさくて [子どもの泣き声のせいで] 眠れない）

b. 晚上真不该看恐怖片，○吓得 [○闹得] 我睡不着。
Wǎnshang zhēn bù gāi kàn kǒngbùpiàn, ○xiàde [○nàode] wǒ shuìbuzháo.
（夜にホラー映画なんて見るんじゃなかった。怖くて [そのせいで] 眠れない）

例1a, bは、原因の出来事に合わせて具体的な一般動詞を用いて表現することもできるし、一般動詞の代わりに"闹得"を入れることも可能。また、1bのように原因の部分はしばしば文の形をとる。ただし、"闹"には「（災害などが）起こる」の意味もあり、"闹得"の後は必ず悪い結果が来る（例2）。

例2 那孩子不停地笑，×闹得我们很开心 [○闹得我们很烦 / ○逗得我们很开心]。
Nèi háizi bù tíng de xiào, ×nàode wǒmen hěn kāixīn [○nàode wǒmen hěn fán / ○dòude wǒmen hěn kāixīn].
（あの子がずっと笑っているので、×私たちも楽しくなった [○私たちはいらいらした / ○私たちも笑って楽しくなった]）

"闹得"には、結果を先に提示し、後から原因を述べる用法もある（本文例3）。この場合、「〜のは〜したせいだ [のせいだ]」という意味で、"闹得"は文末に現れる。

例3 我终于也感冒了。大概是因为前几天一直在大学校园里拍外景闹得。
Wǒ zhōngyú yě gǎnmào le. Dàgài shì yīnwèi qián jǐ tiān yìzhí zài dàxué xiàoyuánli pāi wàijǐng nàode.
（私もついに風邪を引いた。たぶん先日ずっと大学のキャンパスでロケをしていたせいだ）

以下は、取り返しのつかない悪い結果になった時に悔しい気持ちを表す慣用句。

例4 (瞧) 这事儿闹得。(Qiáo) Zhèi shìr nàode. （なぜこんなことになってしまったんだ）

（2）方向補語と目的語

本文の"发不出声音来"（声を出せない）は"发不出来声音"に言い換えられる。ただし、例えば"走不出那个迷宫来"は言えるが、"走不出来那个迷宫"は普通言えない。"发出来"のような"動詞+方向補語"と目的語の位置関係には、主に以下の3タイプがある。

A：動詞＋目的語＋方向補語1＋方向補語2（例：发一个声音出来）
B：動詞＋方向補語1＋目的語＋方向補語2（例：发出一个声音来）
C：動詞＋方向補語1＋方向補語2＋目的語（例：发出来一个声音）

動詞が目的語の移動方式を表す場合、Aタイプは用いられない。

例1 A：×走一个人出来 zǒu yí ge rén chulai
　　　B：○走出一个人来 zǒuchu yí ge rén lai
　　　C：○走出来一个人 zǒuchulai yí ge rén

目的語が「移動する事物」でなく「場所」を表す場合、Bだけが用いられる。

例2 A：×走那个迷宫出来 zǒu nèi ge mígōng chulai
　　　B：○走出那个迷宫来 zǒuchu nèi ge mígōng lai
　　　C：×走出来那个迷宫 zǒuchulai nèi ge mígōng

目的語が"一个声音"のような"数詞＋量詞＋名詞"ではない場合、Bだけが用いられる。あるいは、"把声音发出来"のような処置文が使用されることが多い。

例3 A：×发声音出来 fā shēngyīn chulai
　　　B：○发出声音来 fāchu shēngyīn lai
　　　C：×发出来声音 fāchulai shēngyīn

表される事態が「未然」である場合（例えば命令文）、Cは言えない。

例4 A：○发(一)个声音出来! Fā (yí) ge shēngyīn chūlai!
　　　B：○发出(一)个声音来! Fāchu (yí) ge shēngyīn lái!
　　　C：×发出来(一)个声音! Fāchulai (yí) ge shēngyīn!

以上は一般化した規則だが、補語の種類によって個別のルールも多く存在するので注意しよう。

練習問題

括弧内の語句を使って中国語に訳しましょう。

① 彼はいつも遅刻しないから、たぶん渋滞のせいだよ。（从来、闹得）

② まず鍋の水を沸騰させ、それから梨を入れていく。（烧开、将、方向補語）

段段秋色

第30课 如果我有兄弟姐妹的话……
Rúguǒ wǒ yǒu xiōngdì jiěmèi dehuà……

前不久，中国政府终于正式宣布废除独生子女政策。

众所周知，人口众多的中国自1979年以来一直实行"独生子女政策"。也就是说，基本上一对夫妻只能有一个孩子。

当然，我也是独生子女。同学和朋友们也大都一样，没有兄弟姐妹。而父母兄弟姐妹的孩子则像我的兄弟姐妹一样。我从小就叫我的表哥表姐"哥哥"、"姐姐"。我是和他们一起玩儿大的。

在日本，近年来独生子女好像也越来越多，不过多数日本同事和朋友还是有兄弟姐妹，经常听他们说"我哥哥呀……""前几天，我妹妹……"什么的。还是挺羡慕的。

如果可以选择的话，我想要一个体贴的哥哥。真希望能有个哥哥和我一起逛街，带我去吃饭……不过，净吵架了也说不定。

もし兄弟がいたら…

　先日、中国政府はついに「一人っ子政策」の廃止を発表しました。ご存知の通り、人口が多い中国では、1979年以降、「一人っ子政策」がとられてきました。基本的に、一組の夫婦の間に子どもは一人だけ。

　もちろん、私も一人っ子です。友だちもほとんどがそうで、兄弟姉妹がいません。その分、いとこが兄弟代わりで、小さい頃から、いとこたちのことを「お兄ちゃん」「お姉ちゃん」と呼んで、一緒に遊んで育ちました。

　日本でも、最近では一人っ子が増えてきたようですが、スタッフや知り合いの多くには兄弟姉妹がいて、「私の兄はね…」「この前、妹が…」という話をよく聞きます。ちょっとうらやましくなりますね。

　もし選べるとしたら、ほしかったのは優しいお兄さん。一緒に買い物や食事に連れていってほしかった。でも、喧嘩ばかりしてたかもしれませんけどね。

☞ 生词

- **宣布** xuānbù：宣言する、発表する
- **废除** fèichú：廃止する
- **独生子女** dúshēngzǐnǚ：(男女問わず)一人っ子 (男性の場合は "**独生子**"、女性は "**独生女**")
- **众所周知** zhòngsuǒzhōuzhī：〈成〉周知のように；言わずと知れた
- **众多** zhòngduō：(人が)多い
- **大都** dàdōu：大多数、ほとんど
- **从小** cóngxiǎo：小さい頃から
- **表哥** biǎogē：(父方姉妹・母方の年上の男の)いとこ
- **经常** jīngcháng：よく、常に
- **选择** xuǎnzé：選ぶ、選択する
- **体贴** tǐtiē：思いやる；優しい
- **逛街** guàng//jiē：街をぶらつく、ウインドーショッピングをする
- **带** dài：〜を連れて (〜に行く)
- **吵架** chǎo//jià：口喧嘩をする

お父さん、お母さん、私、の3人家族です

段段秋色

词语用法

(1) "……以来"

しばしば「〜から（は）、〜このかた、〜以来」と訳され、主に「過去のある時点から現在までずっと〜」という意味を表す。また、本文例1のように、よく開始時点を示す"自/从/自从"と前後で呼応して用いられる。

例1 中国自 1979 年以来一直实行"独生子女政策"。
Zhōngguó zì yī jiǔ qī jiǔ nián yǐlái yìzhí shíxíng "dúshēngzǐnǚ zhèngcè".
(中国では1979年以来、「一人っ子政策」を実行してきた)

"以来"は「時点」のほか、「時の長さ（期間）」を表す語にも後接するが、"自/从/自从"は使えない。また、「期間」の場合、普通は"……以来"よりも"……来"の方が自然。

例2 两年以来 [×自两年以来 / ○两年来]，他一次也没联系过我。
Liǎng nián yǐlái [×Zì liǎng nián yǐlái / ○Liǎng nián lái], tā yí cì yě méi liánxìguo wǒ.
(ここ2年間、彼は一度も私に連絡したことがない)

要注意なのは、"以来"は「3年前」のような発話時点から遡った「時点」とは相容れないこと、また日本語の「以来」と違って単独では使えないので、必ず時間詞の後に付けて使うこと。

例3 ×他三年前以来一直在日本。
Tā sān nián qián yǐlái yìzhí zài Rìběn.
(彼は3年前からずっと日本にいた)

例4 90 年代初期日本的经济泡沫破裂，×以来 [○从那以后]，日本发生了很多变化。
Jiǔshí niándài chūqī Rìběn de jīngjì pàomò pòliè, ×yǐlái [○cóng nà yǐhòu], Rìběn fāshēngle hěn duō biànhuà.
(90年代初頭、日本のバブル経済が崩壊し、以来、日本は大きく変わった)

(2) 特殊な結果補語 "大"

"動詞＋結果補語"といえば、"打死"、"吃饱"のように「動作→結果」の関係を表す印象が強いが、「動作＋判断」（例：买亏了 mǎikuī le（買って損した））や「動作＋動作自身の完了」（例：说完）を表すものも多い。その中でも一風変わった結果補語に "大"（育つ）がある（本文例1）。

例1 我是和他们一起玩儿大的。
Wǒ shì hé tāmen yìqǐ wánrdà de.
(私は彼らと一緒に遊んで育ったのだ)

例1のように、"動詞＋大"は概ね「～して育った」に相当し、意味の重心は「育った」という結果ではなく、どのように育ったのかという過程にある。そのため、発生済みの出来事の経緯の説明に用いられる"(是)……的"構文と相性がよく、逆に、結果や変化の実現を表す"了"とは共起し難い。また、3a のような"……着长大的"の形が多い。

例2 他是奶奶养 [拉扯 / 带 / 看] 大的。
Tā shì nǎinai yǎng [lāchě / dài / kàn] dà de.
(彼はおばあちゃんの手で育ったのだ)

例3 a. 我是看着日本动漫长大的。
Wǒ shì kànzhe Rìběn dòngmàn zhǎngdà de.
(私は日本のアニメと漫画を見て育ったのだ)

b. ??我看着日本动漫长大了。
Wǒ kànzhe Rìběn dòngmàn zhǎngdà le.
(私は日本のアニメと漫画を見て育った)

また、以下の"吓大"というのは、肝っ玉の太さを見せつける時に使われる表現で、新語・流行語。

例4 有什么可怕的。我是吓大的。
Yǒu shénme kěpà de. Wǒ shì xiàdà de.
(全然怖くないし。僕は色んな恐怖を経験して育ったんだから)

練習問題

括弧内の語句を使って中国語に訳しましょう。

① 周知のように、改革開放以降、中国には大きな変化が起こった。(众所周知、以来)

----

②私は姉と喧嘩しながら育ったのだ。(吵架、"動詞＋大")

本場の中国語ワンフレーズ

从"小皇帝"到"八零后" 80年代生まれ

　"独生子女"の第一次世代は80年代生まれ。改革開放で人々の生活水準が急速に向上した時代に生まれ、また兄弟持ちの前世代との対照効果もあり、「わがまま」「利己的」などのイメージを持たれ"小皇帝 xiǎohuángdì"と呼ばれていた。21世紀から次々と社会人になったこの世代は、その成長環境や教育背景などの特徴から、「身勝手で反逆的」「責任感がない」などのイメージを持たれ、今度は"八零后（80后）"という差別的な称号を得た。

　ところが、"80后"が既に社会の第一線に立った今、その言葉に含まれる差別的な意味も払拭されつつあり、最近は"70后、60后……"と同じように、比較的単純に出生の年代を表すだけの言葉になってきたようだ。

中国文化コラム

一人っ子政策とその影響

　"独生子女政策 dúshēngzǐnǚ zhèngcè"（一人っ子政策）は、いわゆる"计划生育政策 jìhuà shēngyù zhèngcè"（国家計画に基づき子を生育する政策）の中心となる政策です。「夫婦一組につき子どもを一人に制限し、二人目からは罰金を課す」というのがその内容で、1979年から30年以上にわたり実施されてきました。2013年には、「夫婦のどちらかが一人っ子であれば、子どもを二人産むことができる」という"单独二胎政策 dāndú èr tāi zhèngcè"（"单独二孩政策"とも）が開始され、制度が緩和されましたが、2015年10月末、共産党の党中央委員会第5回全体会議にて、ついに正式に廃止されることが決まりました。これからは、全ての夫婦が子どもを二人持つことができるようになります。

　一人っ子政策によって人口抑制という目的は果たされましたが、その弊害として、急速な高齢化、労働人口の減少に伴う経済成長の鈍化、男女比の偏り、戸籍を持たない子ども（黒孩子 hēiháizi）の増加など、様々な問題が指摘されてきました。制度の廃止によって、これらは解決されていくのでしょうか。

段段冬景

第31课 圣诞节
Shèngdàn Jié

　　马上就要到圣诞节了。东京的街道上到处都是彩灯秀，非常漂亮。大概有很多人都在翘首盼望圣诞老人的到来吧。"圣诞节"和"圣诞老人"，看汉字就能明白是什么意思吧。平安夜，中国的年轻人也出去约会。而孩子们吃过蛋糕，就带着对圣诞礼物的期待早早地入睡了。

　　如果说和日本有什么区别的话，那就是在日本，草莓奶油蛋糕最受欢迎。世界各国都吃蛋糕，而蛋糕又有各种各样的形状和味道，为什么日本人偏那么喜欢草莓奶油蛋糕呢？

　　来日本的这几年，圣诞节总是有工作，想舒舒服服地约一次会也只能是个遥远的梦想……唉！今年的圣诞节又要去电台做节目……

クリスマス

　もうすぐクリスマスですね。東京では街中にイルミネーションが輝き、とてもきれいです。サンタクロースが待ち遠しい人も多いことでしょう。「聖誕節」に「聖誕老人」、漢字を見れば意味はわかりますよね。中国でも、イブの日には若い人たちはデートを楽しみ、子どもたちはケーキを食べ、クリスマスプレゼントを楽しみにして早く眠りにつきます。

　日本との違いがあるとすれば、日本ではイチゴのショートケーキが一番人気だということ。ケーキは世界中で食べると思いますが、色んな形や味のものがあるのに、どうして日本人はイチゴのショートケーキがそんなに好きなの？

　日本に来てからの数年、クリスマスはいつも仕事があって、ゆっくりデートするなんて夢のまた夢…。ああ、今年のクリスマスもラジオ番組の仕事が…。

☞ 生词

- 圣诞节 Shèngdàn Jié：クリスマス
- 彩灯秀 cǎidēngxiù：イルミネーションショー
- 翘首 qiáoshǒu：頭を上げる、首を長くして（待つ）
- 盼望 pànwàng：待ち望む
- 圣诞老人 Shèngdàn Lǎorén：サンタクロース
- 平安夜 píng'ānyè：クリスマスイブ
- 约会 yuēhuì：デート（する）
- 入睡 rùshuì：〈書〉眠りに入る
- 区别 qūbié：違い；区別する、分ける
- 奶油 nǎiyóu：〔食用の〕クリーム
- 偏 piān：よりによって（"偏偏"とも）
- 遥远 yáoyuǎn：はるか遠い
- 电台 diàntái：ラジオ（局）

サンタさんは来てくれるかな？

段段冬景

词语用法

(1)「発生間近」を表す "要 / 就要 / 快 / 快要……了"

「(もうすぐ)〜する」という意味で、ある事態が近い将来に発生することを表す。"要 / 就要 / 快 / 快要……了" の 4 形式があるが、事態の種類などによって使い分けられている。

ⅰ．事態発生の予告：4 形式全て使える。ただし、"快(要)……了" は "今天" などの時間詞や "马上" などの時間副詞とは共起できない (本文例 1)。

例1 马上○(就)要 [×快(要)] 到圣诞节了。
　　　Mǎshàng ○(jiù) yào [×kuài(yào)] dào Shèngdàn Jié le. (もうすぐクリスマスだ)

ⅱ．事態発生の予測：漸進的変化からの予測は主に "快(要)" を、そうでない場合は基本的に "要" を使う。

例2 他的病好像快(要)好了。Tā de bìng hǎoxiàng kuài(yào) hǎo le.
　　　(彼の病気はもうすぐ治りそうだ)

例3 她好像要过来了。Tā hǎoxiàng yào guòlái le. (彼女はこっちに来そうだ)

ⅲ．限界点の接近：「(今にも)〜そうだ」のように、程度が極めて高く、変化の臨界点に近いことを表す。比喩・誇張的に使うことが多い。"就要" は使えず、前にしばしば "都" を伴う。

例4 分手后他难过得心都要 [快 / 快要] 碎了。
　　　Fēnshǒu hòu tā nánguòde xīn dōu yào [kuài / kuàiyào] suì le.
　　　(別れてから、彼は辛くて心がバラバラになりそうだ)

(2) "修飾語＋地＋動詞"

様態を表す語句が動詞を修飾する場合、一般には語尾に "地 de" が付加される。本文の "舒舒服服地约一次会" では "舒舒服服" (気持ちよく) に "地" が付加され、"约一次会" (1 回デートする) を修飾している。ただし、修飾語が単音節語の場合は "地" が付加されない (例 1)。また、修飾語が二音節の副詞の場合、"地" の付加は自由 (例 2)。

例1 快走 kuài zǒu (早く行く)／少说 shǎo shuō (あまりしゃべらない)／大喊 dà hǎn (大声で叫ぶ)／白跑了一趟 bái pǎole yí tàng (無駄足を踏んだ)

例2 反复 (地) 强调 fǎnfù (de) qiángdiào (繰り返して強調する)／白白 (地) 跑了一趟 báibái (de) pǎole yí tàng (無駄足を踏んだ)

修飾語が二音節形容詞の時は、一部の慣用的なものを除き、基本は "地" が必要となる。

例3　×他高兴笑了。→ 他高兴地笑了。Tā gāoxìng de xiào le.
（彼はうれしそうに笑った）

"様態を表す語句＋地＋動詞"は、現実に起こった出来事や、これから実際に起こる出来事の発生過程を描写するための文型。「英語を上手に話せる」のような能力について言う場合、一般には程度補語の"得"を用いる（⇒第2課）。

練習問題

括弧内の語句を使って中国語に訳しましょう。

① もうすぐ4月になるが、私は元気いっぱいに新生活を始めなければならない。("就要……了"、到、精神饱满)

② 彼とじっくり話したかったのだが、よりによって彼はいなかった。(好好、地、聊聊、偏)

本場の中国語ワンフレーズ

崇洋媚外　外国かぶれ

"崇 chóng"は「崇拝する」、"媚 mèi"はここでは「〜に夢中」の意味で、"洋 yáng"と"外 wài"はいずれも「外国」を意味する。例：连坐便器都要在日本买，你怎么这么崇洋媚外呀?! Lián zuòbiànqì dōu yào zài Rìběn mǎi, nǐ zěnme zhème chóngyángmèiwài ya?!（便座まで日本で買うなんて、どうしてここまで外国かぶれなの?!）中国では、少し前までは"圣诞节 Shèngdàn Jié"（クリスマス）、"情人节 Qíngrén Jié"（バレンタイン）などの"洋节 yángjié"（西洋の記念日）を祝うことは"崇洋媚外"として物議をかもしていたが、今では違和感を覚える人もいるものの、だんだん社会一般に受け入れられてきている。日本では近年、ハロウィン"万圣节（前夜）Wànshèng Jié (qiányè)"まで盛大に祝うようになったが、中国ではまだこれからかもしれない。

今年 是 猴 年
Jīnnián shì hóu nián

"十二 生肖" 是 从 中国 传来 的, 所以 中国 今年 也
"Shí'èr shēngxiào" shì cóng Zhōngguó chuánlái de, suǒyǐ Zhōngguó jīnnián yě

同样 是 猴 年。
tóngyàng shì hóu nián.

"子 丑 寅 卯 辰 巳 午 未 申 酉 戌 亥" 这 个 顺序 两
"Zǐ chǒu yín mǎo chén sì wǔ wèi shēn yǒu xū hài" zhèi ge shùnxù liǎng

国 是 一样 的, 不过 写成 动物 名 的话 汉字 就 有些 不
guó shì yíyàng de, búguò xiěchéng dòngwù míng dehuà Hànzì jiù yǒuxiē bù

一样 了, 是 "鼠 牛 虎 兔 龙 蛇 马 羊 猴 鸡 狗 猪"。怎么样?
yíyàng le, shì "shǔ niú hǔ tù lóng shé mǎ yáng hóu jī gǒu zhū". Zěnmeyàng?

会 读 吗? 发音 和 日语 完全 不 一样 吧。
Huì dú ma? Fāyīn hé Rìyǔ wánquán bù yíyàng ba.

动物 基本上 都 一样, 除了 最后 的 "猪"。日文里 的「猪」
Dòngwù jīběnshang dōu yíyàng, chúle zuìhòu de "zhū". Rìwénli de "zhū"

这 个 字 是 指 "野猪", 中文 则 是 指 "家猪"。为 什么
zhèi ge zì shì zhǐ "yězhū", Zhōngwén zé shì zhǐ "jiāzhū". Wèi shénme

中国 的 "家猪" 在 日本 变成 "野猪" 了 呢? 猪 作为 一
Zhōngguó de "jiāzhū" zài Rìběn biànchéng "yězhū" le ne? Zhū zuòwéi yì

种 家畜 是 从 野猪 驯化 改良 而 来,
zhǒng jiāchù shì cóng yězhū xùnhuà gǎiliáng ér lái,

原本 是 同类 动物。在 中国, 很 久
yuánběn shì tónglèi dòngwù. Zài Zhōngguó, hěn jiǔ

以前 猪 就 成了 家畜, 而 古代 日本
yǐqián zhū jiù chéngle jiāchù, ér gǔdài Rìběn

据说 作为 家畜 的 猪 不 是 普遍 有
jùshuō zuòwéi jiāchù de zhū bú shì pǔbiàn yǒu

的。
de.

新年快乐！よい一年になりますように

今年は申年です

　十二支は元々中国から伝わった習慣です。ですので、中国でも同じく、今年は申年。

　「子丑寅卯辰巳午未申酉戌亥」の順序は変わりません。でも、動物の名前は漢字が少し違って、"鼠牛虎兔龙蛇马羊猴鸡狗猪"です。どうですか、読めますか？ 発音は日本語と全く違いますね。

　動物は基本的に一緒ですが、最後の「猪」だけが違います。日本語では「猪」は「イノシシ」ですが、中国語では「猪」は「ブタ」のこと。なぜ、中国の「ブタ」が日本では「イノシシ」になったのでしょう？ ブタは野生のイノシシを家畜として改良したもので、元々は同じ種の動物です。中国では早くからブタが家畜となっていましたが、昔の日本では、家畜のブタはあまり一般的ではなかったのだそうですよ。

☞ 生词

- 生肖 shēngxiào：干支に 12 種の動物を配したもの
- 有些 yǒuxiē：少し；いくらか
- 野猪 yězhū：イノシシ
- 家猪 jiāzhū：ブタ（"**野猪**" と区別するための言い方。一般に「ブタ」は "**猪**"）
- 作为 zuòwéi：～とする；〈介詞〉～として
- 驯化 xùnhuà：（野生動物を）飼いならす
- 很久以前 hěn jiǔ yǐqián：ずっと前（から）（昔話の冒頭の「昔々…」は "**(在) 很久很久以前**"）
- 普遍 pǔbiàn．普遍的である；普及している

段段冬景

135

词 语 用 法

(1)「同位関係」を表す指示詞

本文の"'子丑寅卯辰巳午未申酉戌亥' 这个顺序两国是一样的"では、"子丑……"と"这个顺序"はいわゆる「同位関係」になっている。下線部は「"子丑…"という順番」と訳すように、概ね日本語の「XというY」に対訳できる。"X＋指示詞（＋量詞）＋Y"では、YがXを含む事物を指し、特にXが人間でかつ主語の位置に立つ場合、しばしばXについて評価や説明を行う表現が後に続く。この場合、"那"よりも"这"を多用する。

例1　他这个人坏是不坏，就是不会说话。
　　　Tā zhèi ge rén huài shì bú huài, jiùshì bú huì shuōhuà.
　　　《評価》(彼は人が悪くはないが、ただ口下手だ)

例2　玉米这种作物原产于中美洲。
　　　Yùmǐ zhèi zhǒng zuòwù yuánchǎn yú zhōngměizhōu.
　　　《説明》(トウモロコシという作物は中米で生まれたのだ)

Yが種類を表さない描写的な名詞句の場合、必ずしも評価や説明を表さない。

例3　你这家伙 [×你这个人] 明天不要迟到哦。
　　　Nǐ zhèi jiāhuo [×Nǐ zhèi ge rén] míngtiān bú yào chídào o.
　　　(君、明日絶対遅刻するなよ)

また以下のように、あえて評価を明言せず伏せておくことで、不満を表す用法もある。

例4　A：真对不起，我起晚了，迟到一会儿。
　　　　 Zhēn duìbuqǐ, wǒ qǐwǎn le, chídào yíhuìr. (ごめん、寝坊した。少し遅れる)
　　　B：你这人…… Nǐ zhèi rén……(君ってやつはもう…)

(2) "而" の使い方

"而"は主に書面語で用いる接続詞。動詞句、形容詞句や文の接続に使われる。本文例1は方式・状態などを表す語句を動詞につなぐ用法。

例1　猪作为一种家畜是从野猪驯化改良而来。
　　　Zhū zuòwéi yì zhǒng jiāchù shì cóng yězhū xùnhuà gǎiliáng ér lái.
　　　(家畜としてのブタは野生のイノシシを改良したものだ)

また、本文例2は文と文をつなぐ用法で、対比関係を表している例。

例2　在中国，很久以前猪就成了家畜，而古代日本据说作为家畜的猪不是普遍有的。
　　　Zài Zhōngguó, hěn jiǔ yǐqián zhū jiù chéngle jiāchù, ér gǔdài Rìběn jùshuō zuòwéi jiāchù de zhū bú shì pǔbiàn yǒu de.
　　　(中国では昔からブタが家畜になっていたが、昔の日本では家畜としてのブタは一般的ではなかったそうだ)

なお、文接続の用法には、対比のほかに、順接、追加説明があるが、第34課にまとめたので、そちらを参照のこと。

練習問題

括弧内の語句を使って中国語に訳しましょう。

① 中国という国は、アメリカに似ているところが多い。（"X＋指示詞（＋量詞）＋Y"、接近）

② カタカナのいくつかは、中国語の漢字を簡略化したものだ。（片假名、有些、简化、而）

本場の中国語ワンフレーズ

属……(的)　～どし生まれ

"我属龙(的)。Wǒ shǔ lóng (de)."（私は辰年）のように、生まれ年の干支を言う表現。中国人は日本人より干支を意識しており、"你属什么(的)? Nǐ shǔ shénme (de)?"（何どし生まれ?）で相手の歳を婉曲に（?）聞く人もいる。また、比喩的に"你属狗的吧，鼻子这么灵。Nǐ shǔ gǒu de ba, bízi zhème líng."（君は犬なの、鼻がこんなに利いて）のように、相手にある動物の特徴が見られるとからかう用法もある。"你是狗吧。Nǐ shì gǒu ba."という直接な表現よりは婉曲で、親しい仲ではよく使う。犬のほかに、"猴儿 hóur"（常に活発に動き回り、大人しくしていられない）や"猪 zhū"（よく食べる；頭が悪い）も一般にイメージが共有でき、干支にはないが"驴 lǘ"（ロバ）を使った"你属驴的吧。Nǐ shǔ lǘ de ba."（この意地っ張り）もよく言う。以下は「ネズミ」を表す俗語"耗子 hàozi"を使った慣用句の例。例：你是不是属耗子的，撂爪儿就忘。Nǐ shì bu shì shǔ hàozi de, liào zhuǎr jiù wàng.（あんたはネズミか、手を下ろしたらすぐ（＝やった側から）忘れちゃう）

第33课 "大人"是从什么时候开始？
"Dàren" shì cóng shénme shíhou kāishǐ?

一月的第二个周一是日本的"成人日"。在这一天，一些刚满二十岁的年轻人会身穿漂亮的和服（特别是女生），去参加成人仪式。还有人会在这天第一次喝酒，来庆祝成人。

在日本，成年从二十岁开始，中国则是十八岁。古代中国，男子年满二十岁称为"弱冠"，表示已经加入了成年人的行列，现在是十八岁。世界上，规定十八岁成年的国家是多数，二十岁成年的可是少数派哟。

我十八岁第一次离开父母独自生活。在中国上大学，基本上要住校。虽然大学在天津市内，可那是我第一次离开父母，什么事情都要自己做。不过独自生活也意味着自由，可以随意地抽烟喝酒、谈恋爱，也没人规定门禁。有人因而放纵自己，我倒是没有。长大成人后我们更自由了，但责任也随之而来。

138

「大人」はいつから？

　1月の第2月曜日は日本の「成人の日」です。この日は20歳になった若者たちがきれいな和服（特に女性は）を着て、記念式典に臨み、大人になったお祝いに、お酒を飲み始めるとか。

　日本では大人は20歳ですが、中国では18歳です。古代中国では、20歳になった男子を「弱冠」と言って、大人の仲間入りをする年齢だったようですが、今は18歳。世界の国々では18歳が多数派で、20歳は少数派のようですよ。

　私は18歳で初めて親元を離れて一人暮らしを経験しました。中国では基本的に、大学に入ると寮生活をします。大学も天津市内でしたが、初めて両親と離れて、何でも自分でしなければなりません。でも、一人暮らしというのは自由を意味するわけで、お酒やたばこ、恋愛も自由で、門限を言う人もいない。それで羽目を外してしまう人もいます。私は大丈夫でしたけどネ。大人になると自由は増えますが、その分、責任が生まれますね。

☞ 生词

- 仪式 yíshì：儀式
- 庆祝 qìngzhù：祝う
- 弱冠 ruòguàn：弱冠（古くは冠礼を受けた20歳の男子。今は広く20歳前後の若者を指す）
- 行列 hángliè：列；グループ、集団
- 住校 zhù//xiào：学校の寮に住む
- 意味着 yìwèizhe：（〜を）意味している
- 随意 suí//yì：自由に（する）、思うままに（する）
- 谈恋爱 tán liàn'ài：恋愛をする
- 门禁 ménjìn：門の出入りの取り締まり、門限
- 因而 yīn'ér：ゆえに、したがって
- 放纵 fàngzòng：勝手気まま（である）、放埓である；放任する
- 随之而来 suízhī'érlái：〈成〉それに伴って生じる、その後についてやってくる

自覚ある大人になりましょうね♬

段段冬景

词语用法

（1）"疑問表現＋都 / 也……"

疑問詞を含む表現に"也 / 都"を付けると「集合内のどのメンバーも」という意味で、例外なく全てが当てはまることを表す。例えば、本文の"什么事情都要自己做"は「何事も自分でしなければならない」の意。"都"に後続する表現は肯定・否定両方だが、"也"の場合は否定のみ。

例1 我明天哪儿都 [也] 不想去。Wǒ míngtiān nǎr dōu [yě] bù xiǎng qù.
（私は明日はどこにも行きたくない）

例2 他比谁都 [×也] 热情。Tā bǐ shéi dōu [×yě] rèqíng.
（彼は誰よりも親切だ）

例3 多少我都 [×也] 吃得下。Duōshao wǒ dōu [×yě] chīdexià.
（いくらでも私は食べられる）

例4 火车多快都 [也] 赶不上飞机。Huǒchē duō kuài dōu [yě] gǎnbushàng fēijī.
（列車はどんなに速くても、飛行機に及ばない）

（2）「意表をつく」副詞 "倒 (是)"

事態の発生が理屈に合わないというニュアンスを含み、「意外だ；おかしい」という心理を表すことができる。本文の"有人因而放纵自己，我倒是没有"（それで羽目を外してしまう人もいるが、私は（意外と）大丈夫だった）では、筆者は"倒是"を用いて、自分が羽目を外さなかったのは、むしろ意外なことだと自嘲めいた口調を演出している。

例1 我先出门的，你倒 (是) 先到了。Wǒ xiān chū mén de, nǐ dào(shì) xiān dào le.
（私の方が先に出たのに、（意外にも）あなたの方が先に着いた）

その「不合理・意外」の意味合いと関連し、"倒 (是)" は以下のような表現にも用いられる。

例2 你倒 (是) 说啊。Nǐ dào(shì) shuō a.
《催促》（（言わないのはおかしいから）早く言いなさい）

例3 东西倒 (是) 挺好的，就是太贵了。Dōngxi dào(shì) tǐng hǎo de, jiùshì tài guì le.
《譲歩：あることを肯定しておきながら、後でそれに反するコメントをする》
（物はいいけど、ただし高すぎる）

例4 我倒 (是) 有个主意。Wǒ dào(shì) yǒu ge zhúyi.
《謙虚な申し出》（私から（意外かもしれないが）一つアイディアがある）

また、"这倒 (也) 是"（（言われてみれば）それもそうだ）は相づちとしてよく使われる。

例5　A：过什么情人节啊。咱们中国不是也有七夕嘛。
　　　　Guò shénme Qíngrén Jié a. Zánmen Zhōngguó bú shì yě yǒu qīxī ma.
　　　　（なんでバレンタインデーなんか祝うの。我々中国にも七夕があるじゃないか）

　　　B：这倒也是……　Zhè dào yě shì……
　　　　（それもそうだけど…）

練習問題

括弧内の語句を使って中国語に訳しましょう。

① 何でもできるということは、往々にして何事にも精通していないことを意味する。（"疑問詞＋都／也"、往往、精、意味着）

② 雷鳴は大きかったが、その後の雨は（意外と）強くなかった。（雷声、随之而来、倒(是)）

本場の中国語ワンフレーズ

小大人儿　小さい大人

　直訳すると「小さい大人」。一般に「大人びた・ませた・しっかりしている子ども」と訳すことができ、大人のような言動をする子どもを意味する。「おませな子」のように、子どもをからかったりする場面にも使用するが、特に嫌悪感はなく、褒めるニュアンスでも使われる。これは、かわいらしいイメージの"儿"が必ず付加されることからも伺える。例：这孩子说话跟个小大人儿似的。Zhèi háizi shuō huà gēn ge xiǎodàrénr shìde.（この子は話し方が大人みたいね）

　ちなみに、最近は反対語として"巨婴 jùyīng"（巨大な赤ちゃん）という新語が出現し、精神年齢が子ども並みに低いと大人をからかう場面で用いられる。

段段冬景

入学 考试

一年一度的入学考试又开始了。我所在的早稻田大学也是一月末结课，二月份开始入学考试，而在校生则开始了悠长的春假。

日本的入学考试是在寒冷的冬季，新学年从春季开始。中国则是秋季开始新学年，入学考试在六月。以前是七月，后来因为夏天太热，很多考生中暑，所以提前了。

中国的大学入学考试叫做"普通高等学校招生全国统一考试"，一般称"高考"，和日本的「センター試験」相似。考生要考语文、数学、外语，外加一门"理科综合"或"文科综合"（我当年考的是理科哦），然后根据自己预估的成绩，选择想上的大学。我当年如愿地考上了天津本地的天津师范大学，学习我梦寐以求的播音主持专业。

入学試験

　一年に一度の入学試験のシーズンが始まりました。私の所属する早稲田大学も授業は1月までで、2月は入試がスタート。在校生は長い春休みに入ります。

　日本では寒い冬の季節に入試があり、春から新学年がスタートしますが、秋から新学年が始まる中国では、入試は6月。以前は7月でしたが、中国の夏も暑くなっており、熱中症にかかる受験生が増えてきたので、少し早まったのです。

　中国の大学入学試験は"普通高等学校招生全国统一考试"、通称"高考"と言い、日本の「センター試験」のようなものです。受験生は国語、数学、外国語＋理科または文科の試験を受け（私は理科を受けましたよ～）、自己採点の結果に基づいて志望大学を選びます。私の場合は無事、地元の天津師範大学に合格し、念願のアナウンサーになるための勉強をすることができました。

👉 生词

- **结课** jié//kè：(1学期の)授業が終わる
- **悠长** yōucháng：(時間的に)長い
- **中暑** zhòng//shǔ：暑気あたり；熱中症(になる)
- **提前** tíqián：(予定の時間を)繰り上げる
- **叫做** jiàozuò：名前は〜である、〜と呼ばれる
- **高等学校** gāoděng xuéxiào：総合大学や単科大学などの総称(略して"**高校**"。日本語の「高校」に当たるのは"**高中**")
- **招生** zhāo//shēng：新入生を募集する
- **外加** wàijiā：それに加えて
- **预估** yùgū：予想する、予測する
- **如愿** rú//yuàn：願い通り(になる)
- **梦寐以求** mèngmèiyǐqiú：〈成〉夢の中でも手に入れようとする；切望する
- **播音** bōyīn：(ラジオなどの)アナウンス、放送
- **主持** zhǔchí：司会(をする)、主宰する
- **专业** zhuānyè：(大学などの)専攻、学科

みなさんも夢を持って受験に臨んでくださいね

词 语 用 法

（1）文接続に用いる"而"
"而"は、語句と語句、文と文をつなぐ接続詞だが（⇒第32課）、ここでは文接続の用法を3つ紹介する。本文例1は順接関係を表し、つまり、「入試は2月から始まる」という事実から考えて、「（試験会場を確保するため）在校生は春休みに入る」のはごく自然な結果であるということを表している。

ⅰ．順接

例1 二月份开始入学考试，而在校生则开始了悠长的春假。
Èr yuèfèn kāishǐ rùxué kǎoshì, ér zàixiàoshēng zé kāishǐle yōucháng de chūnjià.
（2月から入試が始まり、在校生は長い春休みに入った）

ⅱ．対比

例2 南方已经春暖花开，而北方还是大雪纷飞的季节。
Nánfāng yǐjīng chūnnuǎnhuākāi, ér běifāng háishi dàxuěfēnfēi de jìjié.
（南方はもう花咲くうららかな春だが、北方はまだ雪が舞う季節だ）

ⅲ．追加説明

例3 一个人成功需要天分和努力，而努力又比天分更重要。
Yí ge rén chénggōng xūyào tiānfèn hé nǔlì, ér nǔlì yòu bǐ tiānfèn gèng zhòngyào.
（人が成功するには天分と努力が必要だ。また努力は天分よりも重要である）

また、"不是……而是……"（⇒第7課）も追加説明の用法の一種。

（2）目標・目的の達成を表す結果補語"上"
「（やっとの思いで）～することができた」に近い意味で、ある一定の困難を伴う目的や目標を達成したことを表す。本文の"考上了天津本地的天津师范大学"では、受験した結果「受かる」という目的を達成したと述べている。例1も同様。

例1 他评上教授了。Tā píngshang jiàoshòu le.
（彼は（評価会議で認められて）教授になった）

"考上"や例1の"评上"において、前方の動詞"考"（受験する）、"评"（評価を受ける）は単に結果成立までの過程を表すが、一般には、動詞は結果自身を表すことが多い。この場合は"上"がなくても結果が成立するが、その結果が話者の目標・目的だというニュアンスはない（例3）。

例2 考天津大学了 kǎo Tiānjīn dàxué le（天津大学を受験した）
↪考上天津大学了 kǎoshang Tiānjīn dàxué le（天津大学に受かった）

例3 吃寿司了 chī shòusī le（お寿司を食べた）
↪吃上寿司了 chīshang shòusī le（（念願の）お寿司を食べることができた）

また、事前に設定した目標でなくても、話者にとって好ましい事態なら、"動詞＋上"で「〜できてよかった」というニュアンスを表せる。

例4 真没想到我也住上独门独院了。
Zhēn méi xiǎngdào wǒ yě zhùshang dúméndúyuàn le.
(一軒家に住めるなんて思ってもいなかった)

練習問題

括弧内の語句を使って中国語に訳しましょう。

① 日本語の「高校」は高等中学校を指すが、中国語では大学のことを"高校"と言う。(而、叫做)

② 彼はやっと、夢にまで見たフェラーリを運転した。("動詞＋上"、梦寐以求、法拉利)

中国文化コラム

世界最大規模の大学統一試験"高考"

　日本では毎年1月に実施される大学入試センター試験。中国にもセンター試験があり、毎年6月に行われます。その名は"高考gāokǎo"！！　同じセンター試験と言っても、その規模やシステムは異なります。一番の違いはその受験者数。2014年度、日本の大学入試センター試験の総受験者数は約50万人でしたが、それに対し中国は約939万人。数字だけ見ても、いかに受験戦争が熾烈かわかりますね。また、日本にはほかにも多様な入試制度がある一方、中国ではこの"高考"の成績のみで成績順に各大学に振り分けられてしまいます。

　しかも、各大学の各学部には各省ごとの定員枠があるため、中国を代表する北京大学や清華大学へ進学するに際して、北京や上海出身の受験生と、広東省や河南省出身の受験生との間では、合格率の差が100倍以上(！)といった教育をめぐる「地域間格差」が問題となっています。

段段冬景

第35课 "节分"过得开心吗?

　　"节分"在二十四节气之一"立春"的前一天,原本是中国驱鬼除邪的仪式传入日本后普及开来的一种习俗,不过现在中国已经几乎没有这种仪式了。

　　在日本,"节分"这天大家会一边喊着"福进来,鬼出去",一边撒豆子。大家也在学校或家里这样做过吗?我第一次体验"节分"是在来日本后上的日语学校。虽然大概听说过是怎么回事,但撒豆子还是第一次。正上着课,装扮成鬼怪模样的老师突然闯进教室,我们顿时乱作一团。接着我们大喊"鬼出去!",并把手中的豆子扔了过去。刚开始还有点拘谨,但渐渐地大家越扔越起劲儿,最后都借机发泄似的动起了真格的。真是太爽了!太开心了!不过,之后捡拾撒了一地的豆子可真是费了不少工夫……

節分は楽しんだかな？

　二十四節気の立春の前日に当たる「節分」は、元々は中国の「鬼遣い」という悪鬼邪気を追い払う行事が日本に伝わって広がった習慣のようですが、中国では今ではほとんど、この行事は行われていません。

　日本ではこの日、「福は内、鬼は外」と叫んで豆をまきますね。みなさんも学校や家庭で豆まきをしましたか？　私が初めて節分を体験したのは、日本に来て通った日本語学校です。どんなものかは聞いていましたが、豆をまくのは初めてでした。授業中、突然、鬼の格好をして教室に現れた先生に、学生たちは大騒ぎ。そして、「鬼は外～」と叫んで、手に持っている豆をぶつけます。最初は遠慮していましたが、みんなどんどん悪乗りして、最後は日頃のうっぷん払い（？）もかねて本気に。気分爽快で楽しかった！　でもその後、散らばった豆を拾うのは大変でしたが…。

生词

- 喊 hǎn：叫ぶ
- 装扮 zhuāngbàn：装う；変装する
- 鬼怪 guǐguài：幽霊、妖怪
- 模样 múyàng：容貌；身なり、格好
- 闯 chuǎng：不意に飛び込む
- 顿时 dùnshí：直ちに、にわかに
- 乱做一团 luànzuòyìtuán：〈成〉無茶苦茶に乱れる
- 拘谨 jūjǐn：真面目である；遠慮気味である
- 起劲儿 qìjìnr：（仕事や活動などに）熱心である、身が入る、張り切る
- 借机 jiè//jī：機会に乗じる
- 发泄 fāxiè：（うっぷんなどを）晴らす、発散する
- 似的 shìde：～のようだ、～みたいだ
- 动真格的 dòng zhēngé de：本気を出す（"真格的"は「本当のこと；本当の腕前」）
- 爽 shuǎng：気分がよい、気持ちがよい
- 捡拾 jiǎnshí：〈書〉拾う（"捡"と"拾"はいずれも「拾う」の口語）
- 工夫 gōngfu：（費やされる）時間；暇

あれ？　今年の恵方はどの方角？？

段段冬景

词语用法

(1) "来／去"の付かない方向補語

方向補語は "走上来" のような "V（一般動詞）＋D1（方向動詞）＋D2（来／去）" の形が典型とされるが、実際は "来／去" が付かないことも多い（本文例 1）。

例 1 ……**老师突然闯 (V) 进 (D1) 教室**。…… lǎoshī tūrán chuǎngjìn jiàoshì.
（…先生が突然教室に飛び込んできた）

"闯进" のような "V＋D1" 形式は主に書面語に用いられ、典型的な "V＋D1＋D2" 形式と異なり、必ず場所目的語が後続する（例 2）。

例 2 a. **老师突然闯进教室** lǎoshī tūrán chuǎngjìn jiàoshì
⇆ b. ×**老师突然闯进** lǎoshī tūrán chuǎngjìn
⇆ c. **老师突然闯进来** lǎoshī tūrán chuǎngjinlai

"闯进教室来" のような "V＋D1＋場所目的語＋D2" 形式も可能だが（⇒第 29 課）、冗長な印象を与えがちなため、どちらか一方を使う場合が多い（2a, 2c）。

また、D1（方向動詞）の "上、下、进、出、回、过、起" のうち、移動の方向だけを示し着点などを明示しない "过" と "起" は、"V＋D1＋場所目的語" に使えない（本文例 3、4）。

例 3 **把手中的豆子○扔了过去 [×扔过了鬼]**。
Bǎ shǒuzhōng de dòuzi ○rēngle guòqu [×rēngguole guǐ].
（豆を（鬼に向かって）投げた）

例 4 **站起来** zhànqilai（立ち上がる）→ ×**站起**（＋?）zhànqi

目的語が場所でなく移動物の場合、"起" は使える。独立性の低い "过" は不可。

例 5 **拿起书** náqi shū（本を持ち上げる）

例 6 ×**走过 [○走过来] 一个人** ×zǒuguo [○zǒuguolai] yí ge rén（ある人が歩いてきた）

(2) 数を数えない "一＋臨時名量詞（＋的）＋名詞"

「名量詞」は、事物を個数単位で数える「専用名量詞」（例 1）と、入っている「容器」や存在する「置き場所」で数える「臨時名量詞」（例 2）に大別される。

例 1 **一本书** yì běn shū（本 1 冊）／**两个人** liǎng ge rén（2 人）／**三条河** sān tiáo hé（川 3 本）

例 2 **一瓶水** yì píng shuǐ（水 1 本）／**两桌菜** liǎng zhuō cài（食卓 2 つ分の料理）／**三屋子书** sān wūzi shū（3 部屋分の本）

臨時名量詞の前に来る数字が "一" である場合は、文脈によって、「一つの〜」と単純に数を数えるのではなく、「〜いっぱいの」という描写的な意味を表す。例えば "他很爱学习，有一屋子 (的) 书" は「彼は勉強が大好きで、部屋いっぱいの

本を持っている」という意味。特に「置き場所」の範囲がはっきりしない場合、「～いっぱい」の意味に限定される (本文例3)。

例3 撒了一地的豆子 sǎle yí dì de dòuzi（床一面に散らかっている豆）

　例3の"一地"は動詞句"撒了"に後続するが、"一地(的)豆子"（床一面の豆）もほぼ同じ意味。一方、外縁のある「容器」や「置き場所」の場合、同じ容器・場所を指す量詞で単音節なら「数」、複音節なら「～いっぱいの」の意味合いが強い (例4)。また、後者だけは"的"を付加できる。

例4 喝了一瓶水 hēle yì píng shuǐ（水を1本飲んだ）
　　⇆喝了一瓶子(的)水 hēle yì píngzi (de) shuǐ（瓶いっぱいの水を全て飲んだ）

練習問題

括弧内の語句を使って中国語に訳しましょう。

① 彼はゴミを拾い上げ、ゴミ箱に捨てた。(捡、"来/去"の付かない方向補語)

② この食卓いっぱいの料理を作るのに、彼はたくさん時間を費やした。(臨時名量詞、工夫)

本場の中国語ワンフレーズ

活见鬼　ありえない！

　中国語の"鬼"は片手に金棒の「オニ」ではなく「幽霊、お化け」の意味。"活见鬼 huójiànguǐ"は直訳すると「生きているのに幽霊に出会う」となり、転じて「おかしなこと」を意味する。「ありえない！」のように不満を言ったり、「うんざりだ」と嘆いたりする時によく使う。同じ意味で"见鬼"とも言う。
例：钱包又丢了，真是活见鬼[真见鬼]！Qiánbāo yòu diū le, zhēnshi huójiànguǐ [zhēn jiànguǐ]!（また財布をなくしたよ。マジでありえない！）また、"让他见鬼去吧！Ràng tā jiànguǐ qù ba!"（彼なんかもういい）のような使い方もある。

段段冬景

中国 有 两 个 新年!
Zhōngguó yǒu liǎng ge xīnnián!

日本 只有一个 新年， 中国 有 两 个。一个 和 日本
Rìběn zhǐ yǒu yí ge xīnnián, Zhōngguó yǒu liǎng ge. Yí ge hé Rìběn
一样，是 阳历 一 月 一 号，叫做 "元旦"。
yíyàng, shì yánglì yī yuè yī hào, jiàozuò "Yuándàn".

而 比 这 个 更 热闹 的 则 是 农历 新年 "春节"。 2016
Ér bǐ zhèi ge gèng rènao de zé shì nónglì xīnnián "Chūnjié". Èr líng yī liù
年 的 春节 是 阳历 二 月 八 日。那 段 时间 和 日本 的
nián de Chūnjié shì yánglì èr yuè bā rì. Nèi duàn shíjiān hé Rìběn de
新年 一样， 全国 统一 放假。铁路、飞机 和 公路上， 返乡
xīnnián yíyàng, quánguó tǒngyī fàngjià. Tiělù, fēijī hé gōnglùshang, fǎnxiāng
的 旅客 人满为患。除夕 晚上 十二 点， 街上 鞭炮 齐 鸣，
de lǚkè rénmǎnwéihuàn. Chúxī wǎnshang shí'èr diǎn, jiēshang biānpào qí míng,
庆祝 新年。放 鞭炮 可以 驱除 邪气，以 祈求 新年 平安
qìngzhù xīnnián. Fàng biānpào kěyǐ qūchú xiéqì, yǐ qíqiú xīnnián píng'ān
顺利。我 小时候 也 和 家人 在 自家 门前 放过，不只 是 那
shùnlì. Wǒ xiǎoshíhou yě hé jiārén zài zì jiā ménqián fàngguo, bùzhǐ shì nèi
种 成 串 的 "爆竹"，还 有 其他 种类 的 烟花。晚上 全
zhǒng chéng chuàn de "bàozhú", hái yǒu qítā zhǒnglèi de yānhuā. Wǎnshang quán
家人 要 在 一起 吃 年夜饭。除了
jiārén yào zài yìqǐ chī niányèfàn. Chúle
饺子，还 有 各种各样 的 菜肴 摆满
jiǎozi, hái yǒu gèzhǒnggèyàng de càiyáo bǎimǎn
餐桌。好吃 是 好吃，不过，我 会
cānzhuō. Hǎochī shì hǎochī, búguò, wǒ huì
发胖 啦!
fāpàng lā!

カウントダウンの時は花火が上がります

中国のお正月は2回！

　日本ではお正月は1回だけですが、中国では2回あります。一つは日本と同じ新暦の1月1日で、「元旦」と言います。

　でも、これよりもにぎやかなのが旧暦のお正月「春節」。2016年は新暦で2月8日です。この前後は日本の年末年始のように全国的なお休みシーズンに入り、国内の鉄道や飛行機、道路は故郷へ帰る人たちで大混雑。大晦日の深夜12時に、街角では一斉に爆竹を鳴らして、新年を祝います。爆竹を鳴らすことで邪気を払い、新しい年がよい年であるよう祈ります。私も子どもの頃は、家の前で家族と一緒に爆竹を鳴らしました。数珠つなぎ式の爆竹だけでなく、ほかの花火もあります。夜は家族揃って年越し料理の「年夜飯」を食べます。餃子だけでなく、色々な料理がテーブルに並びますよ。おいしいけど、太ってしまう！

☞ 生词

- 返乡 fǎn//xiāng：帰省する
- 人满为患 rénmǎnwéihuàn：〈成〉人が多くて混雑している；人が多くて困難が生じる
- 除夕 chúxī：旧暦の大晦日
- 鞭炮 biānpào：各種爆竹や家庭用花火の総称；豆爆竹（多数の小さな爆竹をつなぎ合わせたもの）
- 齐鸣 qí míng：一斉に鳴る［鳴く］
- 驱除 qūchú：追い払う、駆除する
- 以 yǐ：〜するために（動詞句と動詞句の間に用いて、目的を表す接続詞）
- 祈求 qíqiú：〈書〉切に願う、乞い願う
- 成 chéng：(〜の形に) なっている
- 串 chuàn：〈量詞〉連（つながっているものを数える）
- 爆竹 bàozhú：爆竹（基本的に"鞭炮"に同じだが、花火類は普通含まれない）
- 年夜饭 niányèfàn：大晦日の夕食
- 摆满 bǎimǎn：〜いっぱいに並ぶ［並べる］
- 发胖 fāpàng：太る

段段冬景

词 语 用 法

（1）添加関係・排除関係を表す "除了"

「〜のほか、〜を除き、〜以外」という意味で、後に来る "(以) 外"、"之外" などと呼応して使うこともある。日本語の「〜以外」と同様、排除関係と添加関係を表すことができる。本文の "除了饺子，还有各种各样的菜肴……" は添加関係で、「餃子のほかにも色々な料理がある」と補って述べている。この場合、後半は必ず "还"、"也"、"再"、"又" など添加や反復を表す副詞が呼応する。ちなみに、"也" は主語の添加にしか使えない（例 1）。

例1　除了我，他也去了上海。
　　　Chúle wǒ, tā yě qùle Shànghǎi.
　　　（私以外に、彼も上海へ行った）

　　　⇨除了北京，他还 [×也] 去了上海。
　　　Chúle Běijīng, tā hái [×yě] qùle Shànghǎi.
　　　（北京以外に、彼は上海にも行った）

排除関係の場合、後半が肯定であれば、必ず "都"、"全"、"总 (是)" など「全て」を意味する副詞が呼応する（例 2）。後半が否定であれば、このような副詞は必ずしも必要ではない（例 3）。

例2　日本除了有花粉症以外，什么都好。
　　　Rìběn chúle yǒu huāfěnzhèng yǐwài, shénme dōu hǎo.
　　　（花粉症があることを除いて、日本はいいことばかりです）

例3　他除了个子太矮，没什么缺点。
　　　Tā chúle gèzi tài ǎi, méi shénme quēdiǎn.
　　　（背が低いことを除いて、彼はほぼ欠点がない）

「〜以外の」のように連体修飾に使う場合は、"以外"、"之外" との呼応が必要。また、書面語では "除了" の代わりによく "除" を使うが、これも普通は "(以) 外"、"之外" との呼応が必要。

例4　×除了他的人 chúle tā de rén
　　　→除了他以外 [之外] 的人 chúle tā yǐwài [zhīwài] de rén（彼以外の人）

例5　??除阳历新年，中国人还过春节。
　　　Chú yánglì xīnnián, Zhōngguórén hái guò Chūnjié.

　　　→除阳历新年外 [以外 / 之外]，中国人还过春节。
　　　Chú yánglì xīnnián wài [yǐwài / zhīwài], Zhōngguórén hái guò Chūnjié.
　　　（新暦のお正月以外に、中国人は春節を祝う）

（2）「確認」の"是"

"是"は判断を表す動詞の用法以外に、「確かに」という意味で、事実などの確認を表す副詞的な用法もある。この用法で最も多く見られるのは、前後に同じ語句を繰り返す"A 是 A"の形で、あることを肯定しておきながら、後で相反するコメントをする表現（本文例 1）。

例1 好吃是好吃，不过我要发胖啦!
　　　 Hǎochī shì hǎochī, búguò wǒ yào fāpàng la!
　　　（おいしいことはおいしいけど、太ってしまう！）

"A 是 A"の後に"就是"または"只是"が続くことが多いが、この場合、しばしば例 2 のように「玉にキズ」といった状況を表す。また、A が形容詞の場合、普通は最初の A には程度副詞は付かない（例 3）。

例2 她漂亮是漂亮，就是牙不太齐。
　　　 Tā piàoliang shì piàoliang, jiùshì yá bú tài qí.
　　　（彼女は確かにきれいだけど、ただし歯並びがあまりよくない）

例3 ??很辣是很辣，不过挺好吃的。
　　　 Hěn là shì hěn là, búguò tǐng hǎochī de.
　　　→辣是（很）辣，不过挺好吃的。
　　　 Là shì (hěn) là, búguò tǐng hǎochī de.
　　　（辛いことは辛いけど、とてもおいしい）

"A 是 A"以外の文型で「確認」の"是"を用いる場合、普通は"是"を強調して発音する。また、"A 是 A"の場合と異なり、必ずしも後から相反するコメントを述べないほか、例 3 のような制限もない。

例4 A： 我就说不好吧。
　　　　　 Wǒ jiù shuō bù hǎo ba.
　　　　　（よくないって言っただろ）

　　　 B： 是不怎么样。
　　　　　 Shì bù zěnmeyàng.
　　　　　（確かにあまり…）

練習問題

括弧内の語句を使って中国語に訳しましょう。

① 北京は旧正月の前後以外は、いつも人が多くて混雑している。(除了、人满为患)

② この切手は確かに貴重だが、ただしセットになっていない。(是、珍贵、成、套)

本場の中国語ワンフレーズ

票贩子　ダフ屋

"票 piào"は「切符」、"贩子 fànzi"は主に店を構えない「行商人」を意味する。中国では、人口が北京・上海・広州などのメジャー都市に集中するあまり、"春运高峰 chūnyùn gāofēng"（旧正月前後の帰省ラッシュ）は世界最大級の定期的人口移動と言われるほどの大混雑。そんな中、特に列車の切符は常に"一票难求 yí piào nán qiú"（切符の一枚でも入手し難い）といった状態で、事前に大量に買い占め、数倍もの値段で転売する"票贩子"がたくさんいる。例：票没了。要不，找找票贩子？——坐飞机吧，贵是贵，不能助长他们。Piào méi le. Yàobù, zhǎozhao piàofànzi?——Zuò fēijī ba, guì shì guì, bù néng zhùzhǎng tāmen. （切符はもうないって。ダフ屋に当たってみるか？——飛行機にしよう。高いけど、(悪を)助長してはならないよ）

これに似た"号贩子 hàofànzi"（大都市の人気病院の診察整理券を売るダフ屋）という人々もいるが、どちらも根本的には地域発展の不均衡に起因する問題だとされている。ちなみに、"……贩(子)"は貶しめる意味合いが強く、ほかに"人贩子 rénfànzi"（人買い）、"毒贩 dúfàn"（麻薬商）、"二道贩子 èrdào fànzi"（ブローカー）などの表現がある。

中国文化コラム

お年玉の色は何色？

　中国でも、春節を迎えるともらえるのがお年玉。お年玉は中国語で"红包 hóngbāo"と表現します。"红"というのは「赤」という意味です。では、なぜ"红包"と表現するのでしょうか？　中国で"红色 hóngsè"は、めでたく縁起のよい色として好まれています。春節(旧正月)や国慶節(建国記念日)の時期は、提灯や垂れ幕などで、街は赤一色になるほどです。縁起のよい色ですから、当然、結婚式などのおめでたいイベントでも"红色"はよく使われるため、そうしたイベントのことを"红事 hóngshì"と呼んだりします。

　逆に、縁起の悪い色として注意しなければならないのが白です。日本では、白は古代より神聖な色とされ、祭服の色として用いられてきました。しかしながら、中国では白は葬儀など、主に死をイメージさせる色として用いられており、葬儀やお葬式のことを"白事 báishì"と表現したりします。同じ色でも、文化や風土が変われば捉え方も変わってくるのです。

　ほかにも、"红人 hóngrén"(人気者)、"黑道 hēidào"(悪の道；不法行為)、"黄书 huángshū"(ポルノ小説)、"绿帽子 lǜmàozi"(寝取られ夫)など、色を使った中国語の表現はたくさんあります。色とそのイメージについて、日本語と中国語で比べてみるのも面白いでしょう。

段段冬景

第37课 情人节到啦
Qíngrén Jié dào la

二月十四号是情人节。不论男生还是女生，都是
Èr yuè shísì hào shì Qíngrén Jié. Búlùn nánshēng háishi nǚshēng, dōu shì

又紧张又期待吧？
yòu jǐnzhāng yòu qīdài ba?

情人节原本是从欧洲起源的，在中国，近年来也
Qíngrén Jié yuánběn shì cóng Ōuzhōu qǐyuán de, zài Zhōngguó, jìnnián lái yě

已经完全被人们所熟悉和接受了。在日本，主要是
yǐjīng wánquán bèi rénmen suǒ shúxi hé jiēshòu le. Zài Rìběn, zhǔyào shì

女生送巧克力给自己喜欢的男生。只看"巧克力"的
nǚshēng sòng qiǎokèlì gěi zìjǐ xǐhuan de nánshēng. Zhǐ kàn "qiǎokèlì" de

汉字很难想象出它的意思，对于从外国传入的东西，
Hànzì hěn nán xiǎngxiàngchū tā de yìsi, duìyú cóng wàiguó chuánrù de dōngxi,

有时会像这样，用发音接近的汉字对应起来翻译。
yǒushí huì xiàng zhèyàng, yòng fāyīn jiējìn de Hànzì duìyìngqǐlai fānyì.

在中国，不是女生单方面地送给男生巧克力，
Zài Zhōngguó, bú shì nǚshēng dānfāngmiàn de sònggěi nánshēng qiǎokèlì,

成年情侣间，一般男的会给女的买花和其他礼物，并
chéngnián qínglǚ jiān, yìbān nánde huì gěi nǚde mǎi huā hé qítā lǐwù, bìng

共进晚餐。世界上很多国家都
gòngjìn wǎncān. Shìjièshang hěn duō guójiā dōu

是这样哦。什么？我想要什么
shì zhèyàng o. Shénme? Wǒ xiǎng yào shénme

礼物？嗯……要是能得到哆啦A梦
lǐwù? Ng…… yàoshi néng dédào Duō lā A mèng

的"四次元袋"就好啦。
de "sìcìyuándài" jiù hǎo la.

バレンタインのお返しにバラの花束をもらったよ！

バレンタインデーですね

　2月14日はバレンタインデーですね。男の子も女の子も、そわそわするんじゃないですか？

　元々はヨーロッパから始まった風習ですが、中国でも最近はすっかりおなじみに。日本では、女の子が好きな男の子にチョコを贈るのが中心ですね。「巧克力」という漢字からは意味が想像しにくいかもしれませんが、海外から来たものの場合、このように、似た発音の漢字を当てて翻訳することがあります。

　中国では女性が一方的にチョコを、ということはなく、大人のカップルの場合は、一般に男性がお花とプレゼントを贈って二人きりのディナーを楽しみます。世界の多くの国でもそうですよ。え！ 私だったら何がほしい？ そうですね、「ドラえもんのポケット」がうれしいかなあ。

☞ 生词

- 不论 búlùn：（たとえ）〜であろうと（⇒ p.20）
- 熟悉 shúxi：よく知っている、熟知する
- 男生 nánshēng／女生 nǚshēng：男子・女子学生；若い男性・女性（若者言葉。元々は台湾から）
- 接受 jiēshòu：（物事を拒まずに）受け入れる、認める
- 想象 xiǎngxiàng：想像する
- 对于 duìyú：〈書〉〜について；〜に対して
- 传入 chuánrù：伝わる；伝える
- 对应 duìyìng：対応する；対応させる
- 翻译 fānyì：訳す（「通訳する」と「翻訳する」の両方の意味に用いる）
- 单方面 dānfāngmiàn：片方、一方
- 情侣 qínglǚ：カップル、恋人同士
- 其他 qítā：その他（人間以外の事物を指す場合、"**其它**" とも）
- 共进晚餐 gòngjìn wǎncān：〈慣〉（〜と）晩餐を共にする
- 得到 dédào：手に入る、入手する

段段冬景

词语用法

（1）中国語の"送"は「送る」？

"送"と「送る」はいずれも物の譲渡に関わり、何より同じ漢字で表記するので互いに対応するイメージが強い。しかし実際、主要な用法では、両者はほとんど対応していない。

ⅰ．「送る」の用法：
- a. 《物や情報を届ける》「手紙を送る」寄信 jì xìn／「メールを送る」发邮件 fā yóujiàn
- b. 《人を差し向ける》「スパイを送る」派间谍 pài jiàndié
- c. 《時間を過ごす》「晩年を送る」度过晚年 dùguò wǎnnián

ⅱ．"送"の用法：
- a. 《物の運送》送货 sòng huò（商品を届ける）
- b. 《一般の贈与》送人 sòng rén（人にあげる）

もちろん対応する用法もあるが、漢字の違う「贈る」を除けば、主な用法ではほぼⅲのbだけと言ってよい。

ⅲ．"送"≒「送る、贈る」：
- a. 《プレゼントする》女生送巧克力给…… nǚshēng sòng qiǎokèlì gěi ……
  （女子は…にチョコを贈る）
- b. 《人を見送る・送り届ける》去机场送朋友 qù jīchǎng sòng péngyou（友人を見送りに空港に行く）／送朋友去机场 sòng péngyou qù jīchǎng（友人を空港まで送り届ける）

同じ漢字を使う「日中同形異義語」は多い。事物名詞の違いには気付きやすいが、意味が抽象的な動詞や形容詞の違いには気付きにくい。さて、次の例1は本当は何を言いたかったのだろうか。

例1 到了北京我给你送手纸。
Dàole Běijīng wǒ gěi nǐ sòng shǒuzhǐ.
（??北京に着いたら君にトイレットペーパーをプレゼントするね）

（2）"给"と動詞の連携プレー

"给"は"我给她花，她给我巧克力"のように「あげる／くれる」の意味で単独の動詞としても使われるが、多くの場合、ほかの動詞の補佐役としてモノ・利益の受け手を導く。

例1 她生日那天，我送给她一块表。
Tā shēngri nèi tiān, wǒ sònggěi tā yí kuài biǎo.
（彼女の誕生日に時計をプレゼントした）

例2 他说明天给我修电脑。
Tā shuō míngtiān gěi wǒ xiū diànnǎo.
(彼は明日パソコンを直してくれるって)

例1では"给"はモノなどの「受領者」を導き、例2では主語の行為によって生じた利益の「受益者」を導く。この2つは補佐役としての"给"の主な役割。前者の場合、以下 i～iii の3つの文型が使えるが（本文例3、例4、例5）、後者では例2のように、iii の文型しか用いられない。

ⅰ．"X＋動詞＋モノ＋给＋Y"

例3 女生送巧克力给自己喜欢的男生。
Nǚshēng sòng qiǎokèlì gěi zìjǐ xǐhuan de nánshēng.
(女性は自分の好きな男性にチョコを贈る)

ⅱ．"X＋動詞＋给＋Y＋モノ"

例4 女生(单方面地)送给男生巧克力。
Nǚshēng (dānfāngmiàn de) sònggěi nánshēng qiǎokèlì.
(女性が（一方的に）男性にチョコを贈る)

ⅲ．"X＋给＋Y＋動詞＋モノ"

例5 男的(会)给女的买花和其他礼物。
Nánde (huì) gěi nǚde mǎi huā hé qítā lǐwù.
(男性は女性に花やプレゼントを贈る)

"卖"、"借"、"送"など、それ自身「モノの譲渡」を表す動詞は"给"の補佐がなくてもⅱの文型に用いられる。また、ⅲの文型に使うと、逆にYがモノを受け取らない「受益者」となる（例6）。

例6 ⅰ．**我卖书给他**。Wǒ mài shū gěi tā. (私は彼に本を売る)
ⅱ．**我卖(给)他书**。Wǒ mài(gěi) tā shū. (私は彼に本を売る)
ⅲ．**我给他卖书**。Wǒ gěi tā mài shū. (私は彼のために、本の販売を代行する)

ⅲでは、"给"は「受領者」も「受益者」も導くことが可能なので、動詞によっては複数の解釈もありうる。この場合、文脈によって区別するほかない（例7）。

例7 回国后我给你写信。Huí guó hòu wǒ gěi nǐ xiě xìn.
(帰国後に君に手紙を書いてあげるよ)

⇆你休息，我给你写信。Nǐ xiūxi, wǒ gěi nǐ xiě xìn.
(君は休んでて、僕が手紙を代筆してあげるよ)

「受領者」を導く"给"はもちろん、「受益者」の"给"でも、日本語の「～してあげる、～してくれる」ほど上下関係や感情的意味合いを含まず、以下のような表現でも恩着せがましく感じられることはない。

例8 我给您拿吧。Wǒ gěi nín ná ba. (代わりにお持ちしましょうか)

159

(3) 代名詞の "它"

　動物や事物を指し、一般に「これ／それ／あれ」と訳す。発音が "他/她" と同じことから、英語の he/she に並ぶ it に対応するとよく誤解されるが、it とは全く異なり、使用上は多くの制限がある。

　まず、日常会話では、擬人法以外の場合、"它" は主語の位置に置くことはできない。

例1　×它 [○这草莓] 坏了吧。
　　　×Tā [○Zhèi cǎoméi] huài le ba.
　　　((イチゴを指差し) これは傷んでるだろう)

　目的語の位置には動作対象に状態・位置変化が起きる場合のみ置くことができ、"它" は基本的に軽声となる (例2、例3)。

例2　你吃了它。
　　　Nǐ chīle ta.
　　　((イチゴを指差し) あなたこれを食べちゃって)

例3　你看看×它 [○这个]。
　　　Nǐ kànkan ×tā [○zhèi ge].
　　　((新聞の一面を指差し) これを見て)

　また、指示する事物が複数の場合も、"它们" は使えない。

例4　你把×它们 [○这几个] 吃了吧。
　　　Nǐ bǎ ×tāmen [○zhè jǐ ge] chī le ba.
　　　((複数のイチゴを指差し) あなたこれを食べちゃって)

　書面語では、"它" は眼前の物ではなく、比較的抽象的な類の事物や概念を指すことが多い。その場合、以上のような日常会話に見られる制限はない (本文例5、例6)。基本、この時の "它" は本来の声調で発音される。

例5　只看 "巧克力" 的汉字很难想象出它的意思。
　　　Zhǐ kàn "qiǎokèlì" de Hànzì hěn nán xiǎngxiàngchū tā de yìsi.
　　　(「巧克力」という漢字からは意味が想像しにくい)

例6　长江是中国第一大河，它发源于西藏。
　　　Chángjiāng shì Zhōngguó dì yī dàhé, tā fāyuán yú Xīzàng.
　　　(長江は中国一の大河で、チベットに源を発する)

練習問題

括弧内の語句を使って中国語に訳しましょう。

① 私は彼にメールを送り、ほかの人を北京に送ったか聞いた。(邮件、其他)

② 私は彼が買ってくれたブランドのバッグを受け取らなかった。(接受、名牌、给)

③ 蛇が怖い人が多いが、(それを)ペットとして飼う人も少なくない。(它、宠物、作为、养)

本場の中国語ワンフレーズ

情人眼里出西施　惚れた目にはあばたもえくぼ

　直訳は「恋をしている人の目にはどんな相手でも"西施"に見える」。"西施"は中国古代の四大美女の筆頭で、旧時は美女の代名詞ともされていた。例：你说她发脾气都可爱? 真是情人眼里出西施啊。Nǐ shuō tā fā píqi dōu kě'ài? Zhēnshì qíngrén yǎnli chū Xīshī a. (怒ってる時もかわいいって？ 君は恋に陥ったね)

　ちなみに、"情人"は上の諺や"情人节"では「恋人」を意味するが、ほとんどの場合、「愛人」を意味する。"这是我情人。Zhè shì wǒ qíngrén."ではなく"这是我男朋友［女朋友］。Zhè shì wǒ nánpéngyou [nǚpéngyou]."と友人に恋人を紹介すれば、相手にドン引きされずにすむだろう。

女儿节

三月三日是女儿节。往年这个时候已经是春风拂面了，今年却怎么也暖和不起来。"女儿节"是女孩儿的节日，也称"桃花节"。据说原本是中国古代一个叫"上巳"的节日，如今只有某些少数民族仍保留着这个习俗。现代中国的"儿童节"是六月一号，男孩儿女孩儿一起过。没有男女分开的节日，不像日本，女孩儿三月、男孩儿五月。

我家原来也有一个别人送的小小的女儿节人偶，因为特别可爱，所以一直当装饰摆着。前不久，听人说"女儿节过后要是不把人偶收起来，会嫁不出去的"，让我大吃一惊。这么重要的事儿，怎么没人告诉我呢……这样下去，我会永远结不了婚吗？今年过完女儿节可要赶紧收起来！

ひな祭り

　3月3日はひな祭り。例年ならもう暖かい春風が吹き始める頃なのに、今年はいつになっても寒いままですね。ひな祭りは女の子の節句、「桃の節句」とも言います。元々は古代中国にあった旧暦3月上旬の「上巳(じょうし)」という節句だったようですが、今は少数民族に風習が残るくらい。現代の中国では6月1日がこどもの日で、男の子も女の子も一緒にお祝いします。日本のように、女の子は3月、男の子は5月という別々の節句はありません。

　私の家にもプレゼントでもらった小さなひな飾りがあるのですが、かわいいのでずっと飾っていました。この前、「節句が終わったらしまわないと、お嫁さんになれないよ」と聞いてギクリ。そんな大事なこと、どうして誰も教えてくれなかったの…。このままでは、いつになっても結婚できない？　今年はひな祭りが終わったらすぐにしまおうっと！

☞ 生词

- 春风拂面 chūnfēng fú miàn：春風がほおをなでる
- 如今 rújīn：(過去と対比して)今頃；今では、今となっては
- 某 mǒu：ある〜("某+(量詞+)名詞"の形で、不特定の事物や人を指す)
- 仍 réng：〈書〉依然として
- 保留 bǎoliú：残しておく；保つ
- 分开 fēnkāi：別々である
- 别人 biérén：ほかの人
- 人偶 rén'ǒu：人形("偶人"とも)
- 摆 bǎi：並べる、配置する
- 收 shōu：しまう、片付ける
- 嫁 jià：嫁に行く、嫁ぐ
- 大吃一惊 dàchīyìjīng：非常に驚く
- 赶紧 gǎnjǐn：大急ぎで；早速

おひな様のケーキ！とってもかわいい♥

词语用法

(1) 可能補語の用法のまとめ

主に否定形に用いられ、典型的に"听不懂"(聞いて理解できない)のように、ある動作 V を行ったが、期待した結果 R を得られないことを表す。肯定形"V 得 R"は主に疑問文やそれに対する返答に使われる。R には"懂"などの結果補語のほか、方向補語も入る(本文例 1)。また、V には動詞のほかに形容詞も入るが、「~できない」ではなく、「~にならない(だろう)」と判断を表す(本文例 2)。

例1 要是不把人偶收起来，会嫁不出去的。
Yàoshi bù bǎ rén'ǒu shōuqilai, huì jiàbuchūqù de.
(人形をしまわないとお嫁に行けなくなる)

例2 今年却怎么也暖和不起来。Jīnnián què zěnme yě nuǎnhuobuqǐlái.
(今年はどうしても暖かくならない)

可能補語の"V 不了"には、本文の"我会永远结不了婚吗？"(いつになっても結婚できない？)のように、結果ではなく、動作 V 自体を行えないことを表す用法もある。ほかに"太多了，吃不了"(多すぎて食べきれない)のような、結果の不成立を表す用法もある。可能補語は主に否定に使われるが、以下に中国語の可能表現の大体の使用傾向をまとめた。どれも絶対的ではないが、参考にしてほしい。

	肯定表現	否定表現
技能の有無	会 V (例：我会开车)	不会 V (例：我不会开车)
許可・禁止	可以 V／能 V (例：这儿可以[能]抽烟)	不能 V／不可以 V (例：这儿不能抽烟)
その他(動作)	能 V／V 得了 (例：明天的活动我能参加)	V 不了／不能 V (例：明天的活动我参加不了)
その他(結果)	能 VR／V 得 R (例：我能听懂英语)	V 不 R (例：我听不懂英语)

(2) わけを聞く"怎么"

"怎么"には"你今天怎么来的？"(今日はどうやって来たの)のように手段を訊く用法以外に、「なぜ」と原因・理由を問う用法もある。後者の場合、"为什么"と違って、必ず不満またはいぶかる気持ちを含む。本文の"这么重要的事儿，怎么没人告诉我"では、「誰も教えてくれない」理由が知りたいというより、むしろ不満を表している。実際、"怎么"は単純に理由・原因を訊く時には使えず(例1)、感情が関与しない"(是)……的"構文においては手段を訊く用法になる(例2)。

例1 科学告诉我们苹果为什么 [×怎么] 会下落。
Kēxué gàosu wǒmen píngguǒ wèi shénme [×zěnme] huì xiàluò.
(科学は我々にリンゴがなぜ落ちるかを教えてくれた)

例2 你是为什么[怎么]来日本的？ Nǐ shì wèi shénme [zěnme] lái Rìběn de?
（どうして[どうやって]日本に来たの）

さらに、"怎么＋能[会／可能]……"の形で強めの反語表現を作ることも多い。

例3 A： 听说你要当部长了？ Tīngshuō nǐ yào dāng bùzhǎng le?
（あなたはもうじき部長になるって聞いたけど）

B： 怎么可能。Zěnme kěnéng.（そんなわけないだろう）

練習問題

括弧内の語句を使って中国語に訳しましょう。

① もし来られなくなったら、すぐに電話をください。（"V 不了"、赶紧）

② ほかの人はみんな着いたよ。なんで毎回あなたが一番遅いの。（别人、怎么）

本場の中国語ワンフレーズ

剩女　残された女、負け犬

　結婚適齢期を過ぎた独身女性を指す。"圣女 shèngnǚ"（聖女）と発音が同じことから、最初は一部のネットユーザーが面白がって使い、次第に広がった。例：老大不小了也不着急，想当剩女吗？ Lǎodàbùxiǎo le yě bù zháojí, xiǎng dāng shèngnǚ ma?（いい歳してよく焦らないね。行き遅れになってもいいの？）
　中国の"剩女"は大都市に多く、学歴や収入が比較的高いのが特徴。「男女平等」思想の一般化や「一人っ子政策」などの影響から、近年特に都市部の女性の高学歴化や社会進出が急速に進む一方で、伝統的な家庭観念や"男外女内 nán wài nǚ nèi"、"夫唱妇随 fū chàng fù suí"という「理想的な」婚姻形態への固執は未だに根強い。"剩女"のレッテルを貼られた今、彼女たちは今までに以上に新旧価値観の矛盾に悩んでいる。実は今、中国では"剩女"よりも"剩男"がはるかに多いが、その多くは農村部や地方の低学歴・低所得者で、社会においての発言権が弱いため、"剩女"ほど注目は集まっていない。

段段冬景

第39课 你有花粉症吗?
Nǐ yǒu huāfěnzhèng ma?

春风拂面的季节到了,随着春风满天飞的还有花粉。目前,我好像还没有花粉症。不过如果得了就麻烦了,所以来日本以后,为了预防我一直在戴口罩。

Chūnfēng fú miàn de jìjié dào le, suízhe chūnfēng mǎn tiān fēi de hái yǒu huāfěn. Mùqián, wǒ hǎoxiàng hái méiyǒu huāfěnzhèng. Búguò rúguǒ déle jiù máfan le, suǒyǐ lái Rìběn yǐhòu, wèile yùfáng wǒ yìzhí zài dài kǒuzhào.

在中国,貌似没有像日本的"花粉症"这样的过敏症状。因为我爸爸是医生,所以从小就被教育要经常戴口罩进行预防。

Zài Zhōngguó, màosì méiyǒu xiàng Rìběn de "huāfěnzhèng" zhèyàng de guòmǐn zhèngzhuàng. Yīnwèi wǒ bàba shì yīshēng, suǒyǐ cóngxiǎo jiù bèi jiàoyù yào jīngcháng dài kǒuzhào jìnxíng yùfáng.

最近在中国,戴口罩的人也逐渐增多,不是因为花粉,而是为了预防PM2.5等颗粒物污染。这种比花粉还小的颗粒物成为倍受关注的社会问题,也是最近的事。据说花粉症在日本,也是最近二十多年才逐渐受到关注的。空气受到污染,进而威胁到人们的健康,这样的情况无论在哪个国家都同样存在啊!

Zuìjìn zài Zhōngguó, dài kǒuzhào de rén yě zhújiàn zēngduō, bú shì yīnwèi huāfěn, ér shì wèile yùfáng PM èrdiǎnwǔ děng kēlìwù wūrǎn. Zhèi zhǒng bǐ huāfěn hái xiǎo de kēlìwù chéngwéi bèi shòu guānzhù de shèhuì wèntí, yě shì zuìjìn de shì. Jùshuō huāfěnzhèng zài Rìběn, yě shì zuìjìn èrshí duō nián cái zhújiàn shòudào guānzhù de. Kōngqì shòudào wūrǎn, jìn'ér wēixiédào rénmen de jiànkāng, zhèyàng de qíngkuàng wúlùn zài něi ge guójiā dōu tóngyàng cúnzài a!

花粉症ですか？

　春風が吹き始める頃、それと共に飛び始めるのが花粉。私は今のところ、花粉症ではないようですが、なったら困るので、日本に来てからは予防用のマスクをするようにしています。

　中国にはたぶん、日本で言う「花粉症」のようなアレルギー症状はないと思います。私は父が医師だったので、小さい頃から予防のためにマスクをするようにしつけられました。

　最近の中国では、花粉はなくても、PM2.5などの汚染された微粒子を避けるためにマスクをする人が増えてきました。花粉よりもさらに小さな粒子ですが、これが中国で社会問題として注目されるようになったのも、つい最近です。日本でも、花粉症が騒がれるようになったのはこの20年ぐらいだそうですね。空気が汚れて初めて人々の健康の脅威になるのは、どちらの国でも同じですね。

👉 生词

- 满 mǎn：〜じゅう（の）、〜いっぱい（の）
- 目前 mùqián：〈書〉目下、現在
- 得 dé：（病気に）かかる
- 戴 dài：（帽子・メガネ・アクセサリーなどを）身につける、かける
- 口罩 kǒuzhào：マスク
- 貌似 màosì：（見た目では）〜のように見える；〈新〉〜のようだ、〜らしい
- 过敏 guòmǐn：アレルギー
- 逐渐 zhújiàn：だんだんと、次第に
- 颗粒物 kēlìwù：粒子状物質
- 成为 chéngwéi：〈書〉〜となる
- 倍受关注 bèi shòu guānzhù：大いに注目される
- 进而 jìn'ér：〈書〉したがって；さらに
- 威胁 wēixié：おびやかす、おどかす；脅威

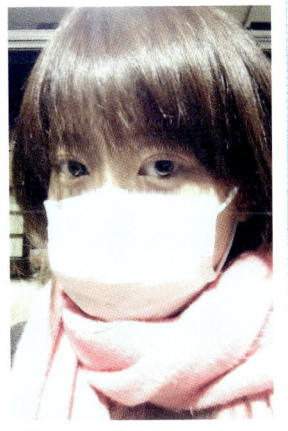

予防にはマスクが一番！

段段冬景

词语用法

(1) "进行"の使い方

活動を表す名詞("会议"、"手术"など)や一部の動詞("调查"、"讨论"など)を目的語にとり、「～を行う」の意を表す。くだけた表現では例1のように表すが、正式な場面や書面語では、"进行"を用いて重々しいニュアンスを出すことが多い(例2)。なお、単音節語を目的語に取ることはできない(×进行会)。

例1 开会 kāihuì(会議をする)／做手术 zuò shǒushù(手術する)／调查 diàochá(調査する)

例2 进行会议 jìnxíng huìyì(会議を行う)／进行手术 jìnxíng shǒushù(手術を行う)／进行调查 jìnxíng diàochá(調査を行う)

"进行"の目的語に立つ動詞には、さらに目的語を後続させることができず、"对＋目的語＋进行＋動詞"の形で表す(例3)。元から目的語を語中に含む「離合詞」も"进行"の目的語にならない(例4)。

例3 ×进行调查这个问题。Jìnxíng diàochá zhèi ge wèntí.
→○对这个问题进行调查。Duì zhèi ge wèntí jìnxíng diàochá.(この問題を調査する)

例4 ×进行上班 [留学] jìnxíng shàng//bān [liú//xué]
→○进行工作 [学习] jìnxíng gōngzuò [xuéxí](仕事 [勉強] をする)

中国語の動詞の一部は、その意味上、必ず目的語を後続させる。その目的語の正体がぼんやりとしたものの場合、"进行＋動詞"の形をとって、はじめて目的語を省略することができる(本文例5)。例5aでは何を予防するか言明しなくてもよいが、5bでは"预防"の後に予防する対象を述べる必要がある。

例5 a. 要经常戴口罩进行预防。Yào jīngcháng dài kǒuzhào jìnxíng yùfáng.
(常にマスクをして予防しなければならない)
b. 要经常戴口罩预防……Yào jīngcháng dài kǒuzhào yùfáng ……
(常にマスクをして…を予防しなければならない)

(2) "A 比 B 还 [更 / 都]……"

"A 比 B……"は「A は B より～」と比較を表すが、副詞の"还"または"更"や"都"を加えると、「(B もどちらかと言えば～な方だが) A は B よりもさらに～」のように、主観的なニュアンスが加わる。本文の"比花粉还小的颗粒物"では、「(花粉も微小な物質だが) PM2.5 は花粉よりもさらに小さい」と述べている。

例1 这里比北海道冷。Zhèli bǐ Běihǎidào lěng.(ここは北海道より寒い)
这里比北海道还 [更 / 都] 冷。Zhèli bǐ Běihǎidào hái [gèng / dōu] lěng.
(ここは北海道よりもさらに寒い)

単純にAとBを比較するためなら、通常は"更"を使う。一方、BをただAの引き立て役として提示し、「Aは（あのBよりも～なので）よほど～」という誇張のニュアンスを表す場合、"还"または"都"を使う。以下の誇張を目的とする比喩的表現（直訳すると「話している言葉が歌の文句よりも耳に心地よい」の意）にも、"还"または"都"しか使えない。

例2 哼，说的比唱的还 [都] 好听。Hēng, shuō de bǐ chàng de hái [dōu] hǎotīng.
（フン、うまいことばっかり言いやがって）

練習問題

括弧内の語句を使って中国語に訳しましょう。

① 我々は現在、事故の原因について調査をしているところだ。（目前、进行）

② 彼女の旦那さんは彼女の父親よりも年上らしい。（貌似、"比……还……"）

本場の中国語ワンフレーズ

不干不净，吃了没病　汚いが、食べても病気にはならない

元は中国のアニメ《邋遢大王奇遇记》（汚い大王の逸話）のセリフ。食品安全問題が多発する昨今の中国では、たぶん不衛生だろうと疑いつつも仕方なく食べる場面でよく使われる。例：这小摊儿的油条用的是地沟油吧。——得了。不干不净，吃了没病。Zhè xiǎo tānr de yóutiáo yòng de shì dìgōuyóu ba. —— Dé le. Bù gān bú jìng, chīle méi bìng. （この屋台の揚げパンは「地沟油（＝下水から作る再生食用油）」を使っているのかな。——もういいよ。死にはしないから）また、近年、花粉症を含むあらゆるアレルギーは、幼少期に細菌に触れる機会が少ないことが主な要因の一つだと知られてから、この表現は「（適度に）不衛生なものを食べることで、（免疫力が上がり）病気にならない」という新しい解釈も獲得した。

毕业 啦!
Bìyè la!

在日本,三月下旬是学校毕业和公司调工作的时期。我也顺利从早稻田大学研究生院新闻传播专业毕业啦!

我穿着日本旧式女子学生服"袴"参加了毕业典礼,告别在一起学习了两年的伙伴。真有点儿恋恋不舍。不过,这就是人生吧。到了四月,一定又会有新的邂逅。

我也从去年春天开始,以工作为中心,阔步走在新的人生舞台。我会继续努力加油,争取成为"中日交流的桥梁"!大家也要努力学汉语呀!

無事に卒業できました＼(^▽^)／

卒業したよ！

　日本では、3月下旬は卒業や転勤の季節ですね。私も無事、早稲田大学大学院のジャーナリズムコースを卒業しました！

　卒業式には、昔の女学生の袴姿で出席しました。2年間、一緒に勉強してきた仲間たちともお別れです。ちょっと寂しいですね。でも、人生ってそういうものですよね。4月になれば、きっと新しい出会いがあると思います。

　私も昨年の春からは仕事を中心に、新しい人生のステージを歩き始めています。「日本と中国の懸け橋」になれるように、これからもがんばります！ みなさんも中国語の勉強をがんばってくださいね！

生词

- 调工作 diào gōngzuò：転勤する、異動する
- 顺利 shùnlì：順調である
- 传播 chuánbō：〈新〉情報伝達
- 研究生院 yánjiūshēngyuàn：大学院
- 典礼 diǎnlǐ：儀式、式典
- 告别 gàobié：別れる、別れを告げる
- 伙伴 huǒbàn：仲間
- 恋恋不舍 liànliànbùshě：名残惜しくて別れたくないさま
- 邂逅 xiehou：〈書〉偶然に出会う、巡り会う；出会い
- 阔步 kuòbù：闊歩する
- 争取 zhēngqǔ：（〜の実現を目指して）努力する
- 桥梁 qiáoliáng：橋；懸け橋、橋渡し

修論の締め切り前は、毎日パソコンに向かっていましたよ

段段冬景

词语用法

(1) 時間の始まりを表す"从"の使い方

"从"は空間・時間上の起点を示す前置詞だが、時間上の起点を表す場合、日本語の「から」と異なり、普通は単独では使うことができず、"从……到……"の形で終点を明示するか、"从……开始[起]"の形をとらなければならない（本文例1、例2）。

例1 我也**从**去年春天**开始**，……阔步走在新的人生舞台。
Wǒ yě cóng qùnián chūntiān kāishǐ, ... kuòbù zǒuzài xīn de rénshēng wǔtái.
（私も去年の春から、…新しい人生のステージを闊歩している）

→×我也**从**去年春天，……阔步走在新的人生舞台。
Wǒ yě cóng qùnián chūntiān, ... kuòbù zǒuzài xīn de rénshēng wǔtái.

例2 **从**今天**起**就是自己人了。有什么困难尽管说。
Cóng jīntiān qǐ jiùshì zìjǐrén le. Yǒu shénme kùnnan jǐnguǎn shuō.
（今日から仲間だから、何か困ったことがあったら遠慮なく言ってください）

ただし、"从小"（小さい頃から）、"从此"（その後、それから）、"从今往后"（これから、今後）などの慣用化した表現は、"开始"、"起"と共起しない（例3）。

例3 **从此**，王子和公主幸福地生活在一起。
Cóngcǐ, wángzǐ hé gōngzhǔ xìngfú de shēnghuó zài yìqǐ.
（それから、王子様とお姫様はずっと幸せに暮らしましたとさ）

(2) "继续＋動詞"は「～し続ける」？

"继续＋動詞"は「(前にも～していたが、これからも) 続けて [引き続き] ～する」という意味で、ある開始済みの行為 (中断をはさんでもよい) に続けて、同一または関連する動作・行為を行うことを表し（例1）、「(絶えず) ～し続ける」という意味にはならない。

例1 对不起打断你了，你**继续**说。
Duìbuqǐ dǎduàn nǐ le, nǐ jìxù shuō.
（話を遮っちゃってごめん、続けて話して [×話し続けて]）

したがって、本文の"我也会继续努力加油"は「私も（今までがんばってきたが）これからも引き続きがんばっていく」という意味で、「私もがんばり続ける」という意味ではない。

練習問題

括弧内の語句を使って中国語に訳しましょう。

① 彼は転勤して、来月から少なくとも１年間東京にいない。（调工作、从、至少）

② 私は今後も続けて勉強し、もっとたくさんの中国人と友だちになるようがんばる。（继续、争取、交）

本場の中国語ワンフレーズ

明天会更好　明日はきっと、もっと明るい未来が待っている

　元々は1985年に台湾で発売された歌のタイトル。同年にアメリカで発売された"We Are The World"の影響を受け、当時台湾の60名の著名アーティストが世界平和を唱えるために集結して完成させたこの歌は、今でも名曲として中国語圏において広く歌い継がれている。日常生活では、"明天会更好。Míngtiān huì gèng hǎo."は慣用表現として使われ、特に新聞や雑誌などの出版物ではよく目にする。ちょっと照れくさいかもしれないが、このフレーズで落ち込んでいる仲間を励まそう。例：别灰心，要相信明天会更好。Bié huīxīn, yào xiāngxìn míngtiān huì gèng hǎo.（落ちこまないで。きっとあなたには明るい未来が待ち受けているから）

練習問題解答

第 1 課 ① 说起赏樱来，大概很多日本人会想到啤酒和便当吧。
② 人民币最大的面额好像是一百元。

第 2 課 ① 今天的聚会竟然完得这么早。
② 他到处说别人的坏话，非遭报应不可。

第 3 課 ① 明天寒假就结束了，作业还一点儿都没做呢。
② 我第一次看到这么好看的和服。

第 4 課 ① 他之所以不一起吃，是因为已经吃过了。
② 多亏刚才喝了热水，嗓子舒服多了。

第 5 課 ① 究竟什么让你那么害怕？
② 不论怎么猜，都猜不到她的年龄。

第 6 課 ① 现在，大部分中国年轻人按阳历过生日。
② 肉都被吃完[光/干净]了，(蔬)菜则剩了很多。

第 7 課 ① 在中国，饺子不是当菜，而是当饭吃。
② 她韩流电视剧看多了，成天净想着谈恋爱。

第 8 課 ① 你临出门(前)不会喝酒了吧。
② 没有人知道他是否结婚了。

第 9 課 ① 听说"处女男"都特别爱干净。
② 爷爷[姥爷]的手机成天在家(里)放着。

第 10 課 ① 这个动画片是由日韩合拍的。
② 看来他已经写不出新东西(来)了。

第 11 課 ① 不只咱们两个人[咱俩]，现在大家都知道她领证儿了。
② 你身边有当翻译的(人)吗？

第12课　① 我搞不清垃圾应该分成[为]几类。
　　　　② 到底怎么做才能让他满意呀。

第13课　① 我早就看出来你喜欢她了。
　　　　② 其实，我也不记得跟他认识多久[多长时间]了。
「本場の中国語ワンフレーズ」の参考解答：店不在大，好吃就行。

第14课　① 钱哪，权力呀，名声啊什么的，他都不在乎。
　　　　② 他要是在，该(有)多嗨啊。

第15课　① 鲸鱼原本生活在陆地上，所以用肺呼吸。
　　　　② 他上大学以后，我们相见的次数越来越少了。

第16课　① (像)他这样[这种]在农村生活过的人，当然不(害)怕蟑螂。
　　　　② 因为放暑假的关系，校园里安安静静的，几乎没(有)人。

第17课　① (吃)菠萝吃得我嘴里涩涩的。
　　　　② (开)会前不是还挺(有)精神的吗。
「本場の中国語ワンフレーズ」の正解：ケンタッキーでオリジナルチキン３ピースとコーラのＬサイズを１つ注文した。

第18课　① 他在人山人海中，(一)边挤(一)边往前走。
　　　　② 用手纸占位子，真过分。

第19课　① 你的表慢五分钟，我的准(一)点儿。
　　　　② 好好儿找找，说不定在桌子下边的抽屉里。

第20课　① 越(是)热门的行业，竞争也(就)越激烈。
　　　　② 微软在电脑行业的地位，转眼间被「为」苹果所取代。

第21课　① 这家店很(有)人气，连一个月后都约满了。
　　　　② 小丽(的)刘海儿齐齐的，很可爱。

第22课　① 已经过去十分钟了，他还在犹豫点什么菜。
　　　　② 传说哲学家老子骑着牛游历了诸国。

第 23 課　① 前不久去的那家店，挤死了！不过确实很好吃。
　　　　　② 那是！不好吃怎么吸引那么多人。

第 24 課　① 比起商场的东西 (来) [跟商场的东西比起来]，这里便宜三四成呢。
　　　　　② 原来他不是你男朋友啊。对不起，我弄错了。

第 25 課　① 因为公共交通缺乏舒适度和便利性，所以很多 [许多/不少] 人选择开车上下班。
　　　　　② 这对姐妹长相一模一样，性格则天差地别。

第 26 課　① 我是北方人，喜欢面食，吃不惯甜的菜，(所以) 怎么也不习惯上海菜的口味。
　　　　　② 他不擅长做菜，但是 (很) 会吃。

第 27 課　① 已经吃了好几天了，早就 (吃) 腻了。
　　　　　② 爱吃辣的吃红的，不爱吃的吃另一个。

第 28 課　① 上大学的时候，学生应该以学习为主。
　　　　　② 这里的冬天夜晚很长。四点外面便已经黑透了。

第 29 課　① 他从来不迟到，大概是堵车闹得。
　　　　　② 先烧开锅里的水 [先将锅里的水烧开]，然后将梨放进去。

第 30 課　① 众所周知，自 [从/自从] 改革开放以来，中国发生了很大 [巨大] 的变化。
　　　　　② 我是跟姐姐吵大的 [吵着架长大的]。

第 31 課　① 就要到四月了，我要精神饱满地开始新生活。
　　　　　② 本 (来) 想跟他好好儿地聊聊，他偏 (偏) 不在。

第 32 課　① 中国这个国家，(有) 很多地方和美国接近。
　　　　　② 有些片假名是从中文的汉字简化而来的。

第 33 課　① 什么都会，往往意味着 (对) 什么都 [也] 不精。
　　　　　② 雷声很大，但随之而来的雨倒 (是) 不大。

第34課　① 日语的"高校"是指高等中学校，而在汉语里，大学叫做"高校"。
　　　　② 他终于开上了梦寐以求的法拉利。

第35課　① 他捡起垃圾，扔进了垃圾箱。
　　　　② 做这一桌子(的)菜，他费了不少[很多]工夫。

第36課　① 北京除了春节前后(以外)，总是人满为患。
　　　　② 这张邮票(珍贵)是很珍贵，就是[只是]不成套。

第37課　① 我发邮件问他派其他人去北京了吗。
　　　　② 我没(有)接受他给我买的名牌包儿。
　　　　③ 怕蛇的人很多，把它作为宠物养的人也不少。

第38課　① 你要是来不了了(的话)，赶紧给我打个电话[打个电话给我]。
　　　　② 别人都到了，怎么每次都是你最晚。

第39課　① 我们目前正在对事故的原因进行调查。
　　　　② 他爱人[老公/先生/丈夫]貌似比她爸爸还大呢。

第40課　① 他调工作了，从下个月起至少一年不在东京。
　　　　② 我(今后也)要继续学习，争取交更多的中国朋友。

〈著者紹介〉

段 文凝（だん ぶんぎょう）

中国・天津市出身。2009年5月来日。同年まで天津テレビ局に所属。2014年早稲田大学大学院政治学研究科ジャーナリズムコース修了。同大学国際部中国語教育コーディネーター。2011年から2017年まで、NHK Eテレ『テレビで中国語』レギュラー出演。
著書に、『段ちゃんと！ はじめての中国語』（日本文芸社）、『日本が好き！』（PHP研究所）、『マンガでわかる リアル中国人』（共著、主婦と生活社）、『「菜根譚」が教えてくれた 一度きりの人生をまっとうするコツ100』（マガジンハウス）などがある。

江 正殷（こう せいいん）

台湾出身。1990年来日。早稲田大学留学センター准教授などを経て、2012年より国際部東アジア部門長として、大学の国際交流業務に携わっている。
著書に、『日本外交研究與中日關係──海内外華人學者的視角』（共著、台湾 五南出版社）、『中国語を学ぶ10の扉』（監修、早稲田大学出版部）などがある。

中国語で読む　我的ニッポン再発見！

2016年6月30日　初版発行　　2017年9月15日　3刷発行

著者
段文凝・江正殷
© Wenning Duan and Chengyin Chiang, 2016

KENKYUSHA
〈検印省略〉

発行者
関戸雅男

発行所
株式会社　研究社
〒 102-8152　東京都千代田区富士見 2-11-3
電話　営業 (03) 3288-7777 ㈹　編集 (03) 3288-7711 ㈹
振替　00150-9-26710
http://www.kenkyusha.co.jp

印刷所
研究社印刷株式会社

執筆協力
毛興華（東京大学総合文化研究科）

ブックデザイン
渡邉雄哉（Malpu Design）

ISBN978-4-327-39435-6　C0087　Printed in Japan